Sables en marche

Harold Agneau

Writat

Cette édition parue en 2024

ISBN : 9789359943077

Publié par
Writat
email : info@writat.com

Contenu

CHAPITRE I

LES PERSONNES PERDUES

"Tu veux que j'échoue."

Ce n'était ni une question ni une déclaration. » C'était venu d'une voix neutre, les mots sortant lentement des lèvres de l'homme assis sur la chaise comme s'il les pesait chacun.

Il aurait pu se parler à voix haute, alors qu'il était assis, regardant directement devant lui, les mains puissantes croisées placidement sur ses genoux. C'était un homme que les autres hommes regardaient deux fois, et qu'une femme pouvait jeter un coup d'œil d'un coup – et s'en souvenir. Pourtant, il n'y avait rien de remarquable chez lui, si ce n'est peut-être une singulière profondeur de poitrine qui faisait résonner ses paroles calmes.

Cela et la colonne ronde d'une gorge confirmaient l'évidence de la force montrée dans les mains. Une large tête brune présentait une bouche dure et des yeux verts écarquillés. Ces yeux étaient plats et bougeaient lentement, comme les lèvres – les yeux d'un homme qui pouvait jouer au poker et observer les autres hommes sans les regarder directement.

Il y avait une certaine mélancolie reflétée dans ce visage inexpressif. La mélancolie qui est le tribut des épreuves et des souffrances physiques. Ceci, associé à une grande force physique, quoique cachée, était le trait curieux de l'homme assis dans le fauteuil, le capitaine Robert Gray, autrefois aventurier et explorateur, maintenant inscrit dans la réserve de l'armée américaine.

Il avait l'astuce du voyageur qui consistait à porter négligemment d'excellents vêtements, et la particularité du militaire de restreindre ses mouvements et ses paroles. Il était sur le point de prendre une décision vitale ; mais il parlait placidement, froidement même. À tel point que l'homme au bureau se pencha sérieusement en avant.

"Non, nous ne voulons pas que vous échouiez, Capitaine Gray. Nous voulons que vous découvriez la vérité et que vous nous disiez ce que vous avez découvert."

"Supposons qu'il n'y ait rien à découvrir ?"

"Nous saurons que nous nous trompons."

"Est-ce que cela vous satisfera ?"

"Oui."

Le capitaine « Bob » Gray a scruté une cicatrice sur le dos de sa main droite. Il avait été fabriqué par un *kris de Mindanao* et, comme le bord du *kris* avait été empoisonné, la peau était toujours d'un violet terne. Puis il sourit.

"Je pensais", dit-il lentement, "que les mythes des peuples perdus étaient dépassés. Je pensais que la dernière tribu disparue avait été localisée et répertoriée par les sociétés géographiques et anthropologiques."

Le Dr Cornelius Van Schaick ne sourit pas. C'était un homme mince, gris, aux yeux alertes. Et il était à la tête de l'American Exploration Society, directeur du Musée d'Histoire Naturelle – dans le bureau duquel il siégeait maintenant avec Gray – et membre de diverses académies scientifiques et historiques.

"Ce n'est pas un peuple *perdu* , Capitaine Gray," Il fit une pause, réfléchissant à ses paroles. « C'est une branche de notre propre race, la race indo-aryenne ou blanche. Ce sont les Wusun, les « Grands ». Nous – l'American Exploration Society – pensons qu'il se trouve au cœur de l'Asie. » Il se pencha en arrière, alerte.

Les sourcils de Gray se haussèrent.

"Et donc tu vas envoyer une expédition pour le chercher ?"

"Pour le chercher." Van Schaick hocha la tête, avec l'enthousiasme d'un scientifique en quête d'une découverte. "Nous allons vous envoyer pour prouver que cela existe. Si cela est prouvé", poursuivit-il d'un ton décisif, "nous saurons qu'une race blanche dominait en Asie avant l'époque des grands empires ; que l'Asie centrale actuelle peut "

« Détendez-vous, docteur ! » Gray leva la main. "Vous sortez de mes limites. Ce que je veux savoir, c'est ceci : pourquoi pensez-vous que je peux trouver cette tribu blanche en Asie, les Wusuns ? Je suis un officier de l'armée, sans emploi et à la recherche d'un C'est pourquoi j'ai répondu à votre lettre. Je suis fauché et j'ai besoin de travail, mais... "

Van Schaick regarda un papier qu'il avait tiré d'une pile sur son bureau.

"Nous avions de bonnes raisons de vous choisir, Capitaine Gray," dit-il sèchement. « Vous avez effectué des travaux d'exploration au nord de la baie d'Hudson ; vous avez jadis éradiqué la dysenterie dans un district de Mindanao ; vous avez accompli un travail inhabituel pour le Bureau de la Navigation ; en service actif en France , vous avez dirigé votre compagnie... »

Gray leva rapidement les yeux. "Un millier d'autres officiers américains aussi", interrompit-il.

"Ah, mais très peu ont eu un père comme le tien," sourit-il en tapotant doucement le papier. "Votre père, le capitaine Gray, était autrefois missionnaire des méthodistes, dans le Shensi occidental. Vous étiez avec lui, là-bas, jusqu'à l'âge de quatre ans. Je comprends qu'il maîtrisait parfaitement le dialecte de la frontière, et vous aussi. Je l'ai ramassé quand j'étais enfant. C'est exact ?"

"Oui."

"Et votre père, avant de mourir dans ce pays, a persisté à rafraîchir, de temps en temps, vos connaissances du dialecte."

"Oui."

Van Schaick déposa le papier.

« En bref, capitaine Gray, conclut-il, vous avez l'habitude à Washington de toujours obtenir ce que vous recherchez, qu'il s'agisse d'informations ou d'hommes. On peut peut-être en dire autant de nombreux explorateurs ; mais dans votre cas, les résultats sont " sur le papier. Vous n'avez jamais échoué. C'est pourquoi nous vous voulons. Parce que, si vous ne trouvez pas les Wusun, nous saurons alors qu'ils sont introuvables. "

"Je ne pense pas qu'ils puissent être trouvés."

Le scientifique regarda son visiteur avec curiosité.

"Attendez d'avoir entendu nos informations sur la race blanche au cœur de la Chine avant de vous décider", dit-il de sa voix froide et concise, rassemblant les journaux dans leur valise de cuir. "Savez-vous pourquoi les Wusun n'ont pas eu de nouvelles ?"

"Je pourrais deviner. Ils semblent être dans une région où aucun explorateur européen n'est allé———"

"On nous a permis d'y aller. L'Asie, capitaine Gray, pour toutes nos enquêtes américaines, est un mystère pour nous. Nous pensons avoir enlevé le voile de son histoire, et nous n'en avons détaché qu'un fil. La religion de l'Asie est bâtie sur son passé. Et la religion est le pouls de l'Asie. Les Asiatiques ont enseigné à leurs enfants que, depuis l'aube de l'histoire, ils ont été les seigneurs du monde civilisé. Quel serait le résultat s'il était prouvé qu'une race blanche dominait l'Asie centrale avant l'ère chrétienne ? Les traditions de six cents millions de personnes qui adorent leur passé seraient brisées. »

Gray resta silencieux pendant que le scientifique posait son doigt sur une carte murale de l'Asie. Van Schaick a passé son doigt vers l'intérieur des terres, depuis la côte chinoise, au-delà des rivières et des villes, de la frontière nord du Tibet jusqu'à un espace vide sous les montagnes du Turkestan où il n'y avait aucune écriture.

"C'est le point aveugle de l'Asie", a-t-il déclaré. "Il est devenu plus petit à mesure que les Européens traversaient ses frontières. Le Tibet, nous le connaissons. L'intérieur de la Chine, nous le connaissons, à l'exception de cet angle mort. C'est——"

"Dans le désert de Gobi."

"Le seul endroit où les explorateurs blancs n'ont pas été autorisés à se rendre. Et c'est ici que nous avons entendu dire que les Wusun se trouvaient."

"Une coïncidence."

Van Schaick jeta un coup d'œil à sa montre.

"Si vous m'accompagnez, Capitaine Gray, à la réunion de la Société d'Exploration en cours, je vous convaincrai que ce n'est pas une coïncidence. Avant de partir, j'aimerais être assuré d'une chose. L'expédition au loin La fin du désert de Gobi ne sera pas sûre. Cela pourrait être très dangereux. Seriez-vous prêt à l'entreprendre ?"

Gray jeta un coup d'œil à la carte et se leva.

"Si vous pouvez me montrer, Docteur," répondit-il, "qu'il y a quelque chose à trouver, je m'y attaquerais."

"Viens avec moi", acquiesça vivement Van Schaick.

Les salles du musée étaient sombres, car la nuit était passée pour les visiteurs. Une petite lumière dans les escaliers montrait la masse noire des formes inanimées dans des compartiments en verre et la silhouette imminente de bêtes montées, avec les os blancs de mammifères préhistoriques.

A l'entrée, Van Schaick fit un signe de tête à un employé qui fit venir la voiture du scientifique.

Leurs pas avaient cessé de résonner dans le couloir carrelé. Les groupes de bêtes immobiles regardaient sans ciller la seule lumière des yeux de verre. Puis une forme s'est déplacée dans l'un des groupes.

La silhouette glissa des animaux en peluche, au bout du couloir. La lumière de l'entrée montra pendant une seconde un homme svelte en pardessus qui jeta un coup d'œil rapide d'un côté à l'autre vers la porte pour voir s'il était observé. Puis il sortit, dans la nuit.

CHAPITRE II

LÉGENDES

Ce soir-là, quelques hommes étaient rassemblés dans le bureau privé de Van Schaick, dans le bâtiment de l'American Exploration Society. L'un était un anthropologue célèbre, un autre un historien venu ce jour-là de Washington. Un financier dont le nom figurait dans les journaux en était un troisième. Et un orientologue européen .

Van Schaick présenta Gray à ces hommes, leur expliquant brièvement ce qui s'était passé lors de leur entretien.

« Le capitaine Gray, conclut-il, souhaite une preuve de ce que nous savons. S'il peut être convaincu que les Wusun se trouvent dans le désert de Gobi, il est prêt à entreprendre le voyage.

Pendant une heure, les trois scientifiques ont discuté. Gray écoutait silencieusement. C'étaient des adeptes d'une vocation qui lui était étrangère, des chercheurs de connaissances glanées aux quatre coins du monde, des fanatiques, des hommes qui passeraient un an ou toute leur vie à parcourir le fil du savoir jusqu'à une nouvelle espèce d'êtres humains ou d'animaux. C'étaient des hommes qui rassemblaient les trésors des sciences, indifférents aux aspects ordinaires de la vie et qui ne ménageaient pas leurs efforts. Et il vit qu'ils savaient de quoi ils parlaient.

À la fin de l'âge du bronze, à l'aube de l'histoire, expliquèrent-ils, la race indo-aryenne, leur propre race, balaya vers l'est la Scandinavie et le nord de l'Europe, franchit la barrière montagneuse de l'Asie et conquit les peuples d'Asie centrale. les Mongols, avec leurs longues épées.

Cela était à peine connu et seulement deviné par certains vestiges de la langue aryenne trouvés dans le nord de l'Inde et par des inscriptions déterrées dans les montagnes du Turkestan.

Ils croyaient, ces scientifiques, qu'avant la grande dynastie Han de Chine, une race indo-aryenne connue sous le nom de Sacæ avait régné sur l'Asie centrale. Les ancêtres des Européens avaient gouverné les Mongols. Les ancêtres de milliers d'Asiatiques centraux d'aujourd'hui étaient des hommes blancs – des hommes de grande taille, au long crâne et aux cheveux jaunes, et de grands combattants.

Les premières annales de Chine mentionnaient les Huing -nu, des diables aux yeux clairs, qui descendaient dans le désert. Les manuscrits de l'Antiquité portaient le nom des Wusun, les « Grands ». Et les enfants des conquérants aryens avaient survécu, luttant contre les Mongols pendant plusieurs centaines d'années.

« Ils survivent aujourd'hui », dit l'historien avec sérieux. "Marco Polo, le premier Européen à entrer en Chine, a longé la frontière nord du pays de Wusun. Il a appelé leur roi Prêtre Jean et chrétien. Vous avez entendu parler du mythe du Prêtre Jean, parfois appelé le monarque d'Asie. Et de la fabuleuse richesse de son royaume, les villes massives. Le mythe raconte que le prêtre Jean était captif dans son propre palais.

"Vous voyez," acquiesça Van Schaick, "déjà la captivité des Wusun avait commencé. Les Mongols n'ont jamais toléré d'autres races à l'intérieur de leurs frontières. À l'époque de Gengis Khan et des conquérants Tartares, les survivants des Aryens ont été affaiblis par les épée."

"Marco Polo", poursuit l'historien, "est venu aussi près du pays des Wusun que n'importe quel autre Européen. Trois siècles plus tard, un missionnaire portugais, Benedict Goës , traversa le désert près de la ville des Wusun et rapporta avoir vu des gens. qui étaient beaux de visage, grands et aux yeux clairs.

Van Schaick se tourna vers ses papiers.

« Au siècle dernier, dit-il, une chose curieuse est arrivée à un explorateur anglais, Ney Elias. Je cite son livre. *Un vieil homme m'a rendu visite à Kwei- hwa - ching, à l'extrémité orientale du Thian Shan. Mountains, qui se disait ni Chinois, ni Mongol, ni mahométan, et vivant sur un terrain spécialement attribué par l'empereur, et où existent maintenant plusieurs familles de même origine. Il dit qu'il avait été prince . Ching, j'étais surveillé de très près et on me mettait en garde contre le fait de poser trop de questions .*"

Van Schaick regarda Gray par-dessus ses lunettes.

"Les montagnes Thian Shan se trouvent juste au nord de cet angle mort du désert de Gobi, où nous pensons que se trouvent les Wusun."

L'historien intervint avec empressement.

"Un autre indice : il y a une génération, l'explorateur russe, le colonel Przewalski , a tenté de pénétrer dans cet angle mort par le sud et a été repoussé avec beaucoup d'effusion de sang par l'une des tribus gardiennes."

Gray rit franchement.

"J'avoue que je suis surpris, messieurs. Jusqu'à présent, je pensais que vous me faisiez une sorte de blague."

Le visage maigre de Van Schaick rougit, mais il parla calmement.

"Il est tout à fait juste, monsieur, que vous ayez la preuve que vous n'êtes pas envoyé après un feu follet. Il y a quelques jours, j'ai parlé avec un missionnaire qui avait été rapatrié de Chine. Il s'appelle Jacob. Brent. Il a été pendant vingt ans directeur du collège de Chengtu , dans l'ouest de la Chine. Il a entendu des rumeurs sur une tribu captive au cœur du Gobi. Et il a vu un des Wusun."

Il s'arrêta pour consulter méthodiquement un de ses papiers,

"Des coolies chinois ont parlé à Brent d'une grande race habitant une ville du Gobi, une race qui était, disaient-ils, 'tout comme lui'. Et lors d'un de ses voyages près de la lisière du désert, il vit une grande silhouette courir vers lui sur le sable, chancelant de lassitude. Puis plusieurs cavaliers chinois surgirent des dunes de sable et se dirigèrent vers le fugitif. Mais pas avant que Brent ait vu que l'homme le visage était partiellement blanc."

"Partiellement?" » demanda Gray d'un ton interrogateur.

"Je cite littéralement. Oui, c'est ce que Brent a dit. Ses porteurs indigènes l'ont empêché d'aller dans le Gobi pour enquêter. Ils croyaient aux superstitions habituelles sur le désert - les mauvais esprits, etc. - et ils ont mis Brent en garde contre un chose qu'ils appelaient la maladie pâle.

Gray leva doucement les yeux. "Vous savez ce que c'est?"

"Nous ne le savons pas et les suppositions n'ont aucune valeur." Il haussa les épaules. "Tu as une idée ?"

« À peine, pour l'instant… vous dites que Brent est malade. Pourrait-il être vu ?

"Je n'en ai pas l'impression. Il est dans un sanatorium californien, en panne à cause du surmenage, m'ont informé les médecins."

"Je vois." Gray scruta ses compagnons. Le même empressement se manifestait sur chaque visage, le désir de découverte qui est plus grand que la convoitise du chercheur d'or. Ils attendaient ses prochains mots. « Messieurs, réalisez-vous qu'il y a trois grandes difficultés à surmonter ? L'argent – la Chine – et la connaissance de la science. J'entends par là mes propres qualifications. Je suis un explorateur, pas un scientifique… »

C'est alors que Balch, le financier qui n'avait pas encore parlé, se pencha en avant.

"Trois excellents points," acquiesça-t-il. "Je peux y répondre. Nous pouvons vous fournir des fonds, Capitaine Gray," dit-il d'un ton décisif.

"Et la permission des autorités chinoises ?"

"Nous avons des passeports signés en blanc pour un chasseur et naturaliste américain souhaitant voyager à l'intérieur de la Chine, dans le désert de Gobi."

"Vous n'y irez pas seul", a expliqué Van Schaick. "Nous sommes conscients qu'un scientifique doit vous accompagner."

"Nous avons l'homme", continua Balch, "un orientologue – qui parle persan et turc – connaît l'Asie centrale comme un livre. Le professeur Arminius Delabar. Il vous rejoindra à Frisco." Il se leva et tendit la main. "Gray, tu es l'homme que nous voulons ! J'aime ton discours." Il riait d'un air enfantin, étant jeune de cœur, malgré son âge. "Vous êtes à la hauteur du travail et vous pouvez tirer dans la tête d'un mouflon ou d'un bandit à cinq cents mètres. Ne le niez pas, vous l'avez fait!"

"Plans?" » demanda sèchement Gray.

"Le meilleur que nous puissions obtenir. Des études chinoises et russes sur le Gobi occidental", expliqua vivement Balch. "Nous voulons que vous commenciez tout de suite. Nous savons que nos plus chers ennemis, la British Asiatic Society, ont vent du Wusun. Ils préparent une expédition. Elle aura l'avantage sur la vôtre parce que, sans tenir compte du fait que les Britanniques savent le champ sera meilleur, cela partira de l'Inde, qui est plus proche du Gobi.

"Alors ça doit être une course ?" Gray fronça les sourcils.

"C'est une course", acquiesça Balch, "et mon argent vous soutient, vous et Delabar. Donc , plus tôt vous pourrez commencer, mieux ce sera. Van Schaick vous accompagnera à Frisco et vous donnera des détails, avec des cartes et des passeports en route. Nous Je vous paierai le salaire correspondant à votre grade dans l'armée, avec une prime de cinquante pour cent si vous arrivez au Wusun. Maintenant, quelle est votre réponse : oui ou non ? Il jeta un regard aigu à l'officier, réalisant que si Gray doutait, il ne serait pas l'homme de l'expédition.

Gray sourit d'un air interrogateur.

"Je suis venu vous voir pour trouver un emploi", a-t-il déclaré, "et le voici. J'ai besoin d'argent. Ma réponse est oui. Je ferai de mon mieux pour livrer la marchandise."

"Messieurs," Balch se tourna vers ses associés, "je vous félicite. Le capitaine Gray peut ou non atteindre le Wusun. Mais - à moins que je sois un pire juge de caractère que je ne le pense - il arrivera à l'endroit où le Wusun sera transporté. Wusun devrait l'être. Il ne reviendra pas en arrière.

Leur visiteur rougit à cela. Il était encore jeune, n'ayant pas encore trente ans. Il serra la main de tout le monde et partit pour son hôtel, avec Balch et Van Schaick pour organiser les horaires des chemins de fer et l'achat d'un équipement.

Ceci est un bref récit de la façon dont Robert Gray est parti en mission dans le désert de Gobi, tel que rapporté dans les archives de l'American Exploration Society pour l'été 1919.

Il n'a pas été communiqué à la presse à l'époque, pour des raisons de secret. L'Exploration Society n'a pas non plus obtenu l'autorisation du gouvernement des États-Unis pour l'expédition. Le temps pressait lorsqu'ils apprirent que l' expédition britannique se rassemblait en Birmanie. Plus tard, Van Schaick a convenu avec Balch que cela avait été une erreur.

Mais à ce moment-là, Gray était bien hors de portée, dans les contreforts des Montagnes Célestes, dans le *Liu Sha* , et avait appris la signification de la pâle maladie.

CHAPITRE III

DISCOURS DELABAR

Gray avait pensé ce qu'il avait dit à propos de son nouveau travail. Van Schaick a plaidé pour la hâte, mais l'officier de l'armée connaissait par expérience le danger d'omettre un élément important de son équipement et a procédé avec la minutie qui le caractérise.

Il a rassemblé son kit personnel à New York, avec les fusils, les médicaments et les munitions dont il avait besoin. Egalement une bonne paire de jumelles et les cartes fournies par Van Schaick. Balch lui fit cadeau de vingt livres de tabac à fumer fin, qui fut reçu avec gratitude.

"J'aurai besoin d'un autre homme avec moi", a déclaré Gray à Van Schaick, qui était sur le point de partir. " Delabar s'en sortira bien à sa manière, mais nous aurons besoin d'un homme blanc qui sait tirer et travailler. Je connais l'homme qu'il faut pour le travail : McCann, autrefois mon infirmier, maintenant dans la réserve. "

"Attrapez-le, par tous les moyens", acquiesça le scientifique.

"Il est au Texas, sans emploi. Un télégramme l'amènera à Frisco à temps pour nous rencontrer. Eh bien, je suis sur le point de partir."

Ils sont partis cette nuit-là par le Western Express.

Gray n'était pas désolé de quitter la ville. Comme tous les voyageurs, il ressentait l'oppression des rues étroites, la monotonie de rentrer toujours au même endroit pour dormir. L'envie de voyager l'avait de nouveau saisi à l'idée de s'aventurer sur un autre continent.

Il a pris sa mission au sérieux. Sur les cartes que Van Schaick et Balch lui avaient remises, ils avaient indiqué un endroit situé au-delà des routes connues, à plus de mille milles de l'intérieur de la Chine. C'est vers cet endroit que Gray se rendait. Il avait ses ordres et il les exécuterait.

Van Schaick parlait beaucoup dans le train. Il a expliqué à quel point la mission comptait pour la Société d'Exploration. Cela leur donnerait une renommée mondiale. Et cela ajouterait énormément à la connaissance de l'humanité. Gray, dit-il, voyagerait près du chemin de Marco Polo ; il déchirerait le voile du secret du coin caché du désert de Gobi. Ce serait une victoire de la science sur l'âme ancienne de la Mongolie.

Cela ébranlerait les fondations de la grande image de jade de Bouddha, de Kali aux multiples bras, de Bon le dieu-diable et de l'ancien Vishnu. Cela renforcerait l'emprise de la Bible sur le monde mongol.

Si seulement, dit Van Schaick avec nostalgie, Gray pouvait trouver le Wusun avant l'expédition de la British Asiatic Society, le triomphe serait complet.

Gray écoutait silencieusement. Il était heureux, à la lumière de ce qui suivit, que son imagination ne soit pas facilement éveillée.

Il regarda avec curiosité celui qui devait être son partenaire dans l'expédition. Van Schaick les a présentés sur le quai du terminal de San Francisco.

Le professeur Arminius Delabar était un homme petit et élancé, au physique nerveux et aux manières nerveuses qui rappelaient à Gray un oiseau. Il avait des yeux myopes injectés de sang cachés derrière des lunettes teintées et un visage sombre avec une barbe bien entretenue. Il était à moitié syrien de naissance, américain de choix et un habitant des académies et des chemins du monde. De plus, il parlait couramment au moins quatre langues.

Le respect du militaire pour son futur compagnon monta encore plus lorsqu'il découvrit que Delabar avait déjà organisé avec compétence l'achat et l'expédition de leurs provisions.

"Vous voyez," expliqua-t-il à Gray dans sa chambre d'hôtel, "moins nous devons acheter de choses à Shanghai, mieux c'est. Notre plan est d'attirer le moins d'attention possible. Notre passeport nous décrit comme des chasseurs et des naturalistes. Les étrangers sont un spectacle courant en Chine jusqu'à Liangchowfu . Une fois que nous aurons dépassé là-bas et dans les plaines intérieures, il sera difficile de nous suivre - si nous n'avons attiré aucune attention. Parlez-vous des dialectes chinois ?

» C'était une question abrupte, de la voix haute de Delabar. Le Syrien parlait anglais avec seulement une trace d'accent.

"Un peu", a admis Gray. "Je suis né à Shensi, mais je ne me souviens de rien, sauf d'un bébé chameau blanc, un camarade de jeu. Pour moi, le chinois mandarin est grec."

Quelque temps après, il apprit que Delabar avait pris cela comme une vantardise – ne connaissant pas l'habitude de Gray de sous-estimer ses qualifications. La fortune joue parfois des tours étranges et la réponse de Gray était de jouer un rôle important dans les événements à venir.

La fortune, ou comme Gray l'a dit, la chance du chemin, a jeté deux obstacles sur leur chemin à Frisco. Van Schaick avait télégraphié au sanatorium où le missionnaire Brent était soigné. Il espérait organiser une entrevue entre Brent et Gray.

Brent était en train de mourir. Personne ne pouvait lui rendre visite. De plus, McCann, le soldat qui devait les accompagner, ne s'est pas présenté à l'hôtel, bien qu'il ait télégraphié à son officier à Chicago qu'il serait à Frisco avant l'heure convenue.

Gray aurait aimé attendre cet homme. Il savait que McCann serait utile – un tireur d'élite, un bon serviteur et un expert dans le maniement des hommes – mais Delabar avait déjà réservé leur passage sur le prochain paquebot du Pacific Mail.

"Van Schaick peut attendre ici", assura Delabar à Gray, "rencontrer McCann et l'envoyer par le bateau qui le suit. Il vous rejoindra à Shanghai."

"Très bien", acquiesça Gray, qui vérifiait la liste des magasins que Delabar avait achetés. "Cela fera l'affaire. Je vois que vous avez pensé à toutes les choses nécessaires, professeur. Nous pouvons récupérer une réserve de conserves à Shanghai ou à Hankow." Il jeta un coup d'œil à Van Schaick. "Il y a encore une chose à régler. C'est important. Qui commande ce groupe ? Le professeur ou moi ? S'il doit être le patron, d'accord, je continuerai avec cette entente."

Van Schaick hésita. Mais Delabar parla rapidement.

"L'expédition est entre vos mains, Capitaine Gray. Je vous en cède librement la responsabilité."

Gray surveillait toujours Van Schaick. "Est-ce que c'est compris ? C'est une bonne chose de mettre les choses au clair avant de commencer."

"Certainement", acquiesça le scientifique. "Maintenant, nous allons discuter du meilleur itinéraire——"

Van Schaick se tenait au quai le lendemain lorsque le bateau à vapeur largua ses amarres et leur fit signe au revoir. Gray l'a laissé derrière lui avec un certain regret. Un homme bon, Van Schaick, américain de bout en bout et esclave de la science.

Pendant la course monotone à travers le Pacifique, où la mer et le ciel semblaient inchangés de jour en jour, Delabar parlait sans cesse de leur voyage. Gray, qui préférait passer son temps à ne rien faire et à ne rien dire, écoutait tranquillement.

L'officier se contentait de s'allonger sur sa chaise longue, les mains jointes derrière sa tête bouclée, et de regarder dans le vide. C'était son habitude, lorsqu'il n'était pas en service. Cela lui suffisait jusqu'à l'âme de ne rien faire d'autre que d'observer la fine ligne où le gris-bleu du Pacifique se fondait dans le bleu pâle du ciel, et de sentir la chaleur du soleil sur son visage. Cela le faisait paraître paresseux. Ce qu'il n'était pas.

L'énergique professeur pensait que Gray prêtait peu d'attention à son flux d'informations sur le grand désert de Gobi. En cela, il a fait une injustice à l'autre. Gray écouta et pesa les paroles de Delabar. La nécessité de la réticence et de la vigilance était enracinée en lui dans la vie militaire et dans une existence solitaire marquée par peu d'amitiés. Son inclination à ne rien faire pendant le voyage n'était pas non plus une simple habitude. Inconsciemment, il accumulait de la force vitale dans son corps solidement tissé – une force à laquelle il avait fait appel dans le passé et dont il aurait à nouveau besoin.

"Vous ne semblez pas comprendre, mon jeune ami", remarqua un jour le professeur avec irritation, "que c'est l'Asie intérieure que nous envahissons. De plus, nous allons mille milles au-delà de vos canonnières américaines."

"Les jours du *Ih-hwo-Ch'uan* sont révolus."

Delabar haussa les épaules, surpris de la remarque pertinente de son compagnon. "C'est vrai. La Chine est une république et progressiste, peut-être. Mais l'âme mongole ne change pas du jour au lendemain. De plus, il y a les prêtres, les bouddhistes et les taoïstes. La peur et la superstition gouvernent la masse du Royaume du Dragon, mon ami, et ce sont ces derniers. prêtres qui seront nos ennemis.

Gray avait dit vrai lorsqu'il avait déclaré qu'il ne se souvenait de rien de la Chine, à l'exception d'un chameau blanc, mais, inconsciemment, beaucoup de choses étaient familières au soldat.

"A la frontière du désert de Gobi, là où nous croyons que se trouve le Wusun", poursuivit chaleureusement le scientifique, alors que Gray se taisait, "un centre du bouddhisme existait au Moyen Âge. Les trois sectes de prêtres bouddhistes - Noir, Jaune et Les Rouges sont unis dans l'effort de préserver leur pouvoir. Ils prêchent l'avènement du Gautama dans les prochaines années et que l'ancien Gautama régnait sur le monde spirituel avant l'avènement du christianisme.

« Vous voyez donc , souligna-t-il, que la découverte d'une race blanche — une race qui ne reconnaissait pas Bouddha — au cœur de la Chine serait un coup porté à leur doctrine. Cela contredirait leur livre de prophéties.

Gray hocha la tête en tirant sur sa pipe. Bientôt, il se remit à parler.

"Je suppose plutôt que vous avez raison, professeur. Vous connaissez la drogue religieuse. Et les religions d'Asie ne sont pas de bonnes choses à manipuler. Mais regardez ici." Il sortit une carte de sa poche et l'étala sur ses genoux. "Voici l'endroit où Van Schaick a localisé les Wusun, nos cousins perdus depuis longtemps mais non oubliés. Bien et bien. Seul cet endroit, que vous et vos amis appelez le « point mort » de l'Asie, se trouve être au milieu de l'Asie. loin du désert de Gobi. Comment pensez-vous que les gens ont existé là-bas pendant plusieurs siècles ?

Delabar hésita, levant les yeux vers les lignes mouvantes de fumée qui s'élevaient de l'entonnoir sur les nuages. Ils étaient sur le pont du bateau.

"Les annales Ming mentionnent une ville à cet endroit, il y a environ deux mille ans. Mille ans plus tard, nous savons qu'il y avait de nombreux palais à cette extrémité du Thian Shan, les Montagnes Célestes. Rappelez-vous que les routes des caravanes de la Chine à Samarcande , en Inde et la Perse sont très anciennes, et qu'elles - ou l'une des plus importantes d'entre elles - ont dépassé cet angle mort.

"Marco Polo a suivi là-bas, n'est-ce pas ?"

"Oui. Nous savons que la grande ville du Gobi s'appelait Sungan . Les annales Ming la décrivent comme ayant 'des portes, des murs et des bastions massifs, en plus de passages souterrains, voûtés et cintrés'."

"Les voyageurs européens ne signalent pas cette ville."

" Parce qu'ils ne l'ont jamais vu, mon ami. Brent, qui se trouvait au bord du Gobi tout près, déclare avoir vu des tours dans le sable. Et les annales musulmanes de l'Asie centrale racontent une curieuse histoire. "

"Allons-y," dit Gray en s'installant confortablement dans son fauteuil.

"C'était au XVIe siècle", explique Delabar, qui semblait avoir les mythes de l'Asie au bout de sa langue. "Une légende religieuse. Un certain saint homme, disciple du prophète, a été volé et battu dans une ville proche de celle où nous pensons que Sungan se trouve. Après avoir été blessé par les habitants de la ville - c'était un mollah - il est monté dans un minaret. pour appeler l'heure de la prière du soir.

La voix de Delabar s'adoucit à mesure qu'il parlait, glissant vers une articulation plus musicale.

" Tandis qu'il pleurait l'heure, ce saint homme sentit quelque chose tomber comme de la neige sur son visage. Seulement ce n'était pas de la neige. Le ciel et la ville s'assombrirent. Il ne pouvait pas voir les toits des bâtiments. Il descendit et essaya la porte. Elle était bloquée. Puis cet homme a vu que c'était du sable qui tombait sur la ville. Le sable recouvrait toute la ville, ne laissant que le minaret qui était haut. Les gens qui lui avaient fait le mal étaient enterrés, devenaient des os blancs sous le sable. ".

.   "Cette histoire figure dans la Bible", acquiesça Gray, "mais ce n'est pas la même chose. Vous ne considérez pas le mythe comme important, n'est-ce pas ?"

"Les prêtres d'Asie le font", dit sérieusement le professeur. "Et j'ai vu les mémoires des royaumes d'Asie centrale qui mentionnent que des trésors ont été creusés et trouvés en ruines dans le sable." Il jeta un regard curieux à son compagnon. "Vous ne semblez pas inquiet, Capitaine Gray, à l'idée d'entrer dans le sanctuaire interdit des Mongols."

Étant né dans les environs, l'idée a amusé Gray.

"Es-tu?" Gray rit. "Le péril jaune est mort."

"Le Dr Brent aussi."

"Vous ne faites pas le lien entre les deux ?"

"Je n'essaie pas d'analyser le lien, Capitaine Gray. Rappelez-vous qu'en Chine, nous avons affaire à des hommes qui pensent en arrière, autour d'eux et dans tous les sens sauf le nôtre. Ensuite, il y a les prêtres. Tout ce que je sais, c'est que le Dr. Brent est entré en terrain interdit, est tombé malade et a dû quitter la Chine. Savez-vous de quoi il est mort ?

"Est-ce que tu?"

Delabar resta silencieux un moment ; puis il sourit. "J'ai de l'imagination, trop peut-être. Mais j'ai vécu derrière le seuil de l'Asie pendant la moitié de ma vie."

"Je soupçonne que c'est une bonne chose pour moi," admis franchement Gray.

Cet après-midi-là, avant qu'ils ne quittent leur siège, un steward apporta à l'officier un message provenant de la cabine sans fil.

Van Schaick l'avait envoyé avant que le paquebot ne dépasse la limite radio. Gray le lut, fronça les sourcils et se tourna vers Delabar.

"C'est plutôt une malchance, professeur", dit-il. " McCann, l'homme sur qui je comptais, ne viendra pas. Il a contracté la grippe à Los Angeles alors qu'il se rendait à Frisco. Il semble que vous et moi devions y aller seuls. "

CHAPITRE IV

AVERTISSEMENT

Delabar passa sous silence la nouvelle de la perte de McCann, si importante pour l'officier, en haussant les épaules. Gray se demanda brièvement pourquoi un homme manifestement enclin à la nervosité devrait ignorer le fait qu'il se trouvait sans les services d'un accompagnateur digne de confiance. Plus tard, il se rendit compte que le scientifique considérait que la présence de McCann ne lui aurait été d'aucune aide, que les fusils et les hommes sachant s'en servir ne joueraient aucun rôle pour affronter les forces hostiles entourant le territoire des Wusun.

A partir de ce moment, il commença à surveiller Delabar. Il était clair pour lui que le professeur était inquiet, décidément. Et que l'homme était en proie à une excitation montante.

Cela s'est manifesté lorsque le paquebot s'est arrêté dans un port japonais. Gray aurait aimé visiter Kyoto, revoir le petit peuple brun du royaume insulaire, avoir un aperçu du château gris d' Oksaka , et peut-être de l'incomparable Fujiyama couronné de neige.

Mais Delabar insista pour rester à bord du paquebot jusqu'à leur départ pour la Chine. L'approche de la porte de l'Asie eut sur lui un effet puissant. Gray remarqua – ce qui était inhabituel chez un homme aux habitudes plutôt studieuses – que le scientifique fumait de grandes quantités de cigarettes russes fortes. En effet, l'air de leur cabine était lourd de fumées.

"Nous ne devons pas nous faire remarquer", a insisté à plusieurs reprises Delabar.

A Shanghai, ils passèrent rapidement entre les mains des douaniers. Leurs préparatifs avancèrent sans problème ; les bagages furent chargés à bord d'un paquebot de Hankow qui les attendait, et Delabar ajouta à leurs provisions une quantité suffisante de provisions pour compléter leur équipement. Malgré cela, Delabar s'agita jusqu'à ce qu'ils soient en sécurité dans leur cabine sur le bateau à vapeur et remontèrent le large courant brun du Yang- tsé -kiang - qui, soit dit en passant, ne s'appelle pas le Yang- tsé - kiang . par les Chinois.

Gray ne fit aucun commentaire sur les appréhensions de son compagnon. Il ne voyait aucune raison de s'alarmer. Il y avait une douzaine d'autres voyageurs sur le bateau fluvial, des agents commerciaux de trois nations, un ou deux ingénieurs des chemins de fer, une famille de missionnaires, plusieurs touristes qui regardaient d'un air fade le grand tronçon de marée du fleuve et commentaient haut et fort le confort du bateau. vaisseau somptueux. Evidemment, ils s'étaient attendus à monter à Hankow en jonque. Ils montraient les voiles couleur chocolat des jonques qui passaient, avec leurs coolies à moitié nus et leurs ponts sales.

Pendant des jours, l'unique hélice du bateau Hankow a brassé les déchets boueux et la fumée s'est répandue en éventail sur son sillage.

Le Yangtsé n'était pas nouveau pour Gray. Il était content d'aller à l'intérieur. Les villes fécondes de la côte, avec leurs rues monotones et bondées, étroites et surmontées d'enseignes peintes, ne l'attiraient pas. Le panorama des visages mongols, pâles et cousus, furtifs et joyeux, n'était pas ce qu'il était venu voir en Chine. À l'intérieur, au-delà des montagnes couronnées de forêts et des vastes plaines, s'étendait l'étendue du désert. Jusqu'à ce qu'ils y parviennent, le voyage n'était qu'un mal nécessaire.

Ce n'est pas le cas – comme Gray l'a noté – de cela qui a affecté Delabar. La première rencontre avec la foule vêtue de bleu à Shanghai, le premier aperçu des temples-pagodes avec leurs prêtres rasés avaient à la fois exalté et déprimé le scientifique.

« Chaque étape du voyage, confie-t-il à Gray, nous ramène un siècle en arrière dans la civilisation ».

"Pas de mal", grogna l'officier, bien décidé à mettre un frein à l'imagination active de Delabar. "Tant que nous avançons. C'est le diable de ce pays. Nous devons zigzaguer. Il n'existe pas de ligne droite qui soit la distance la plus courte entre deux points au pays du Dragon."

Delabar fronça les sourcils, surpris par ces démonstrations inattendues de connaissances latentes. Puis sourit en agitant une main fine vers le courant jaune de la rivière.

"Il y a une raison à cela, comme toujours en Chine. Les mauvais esprits, croient-ils, ne peuvent pas sortir d'une ligne droite. C'est pourquoi nous trouvons des écrans placés juste à l'intérieur des portes des temples pour conjurer les mauvaises influences."

"Regarde ça." Gray toucha le bras de l'autre. Un steward se tenait près d'eux, à l'arrière. Personne d'autre ne se trouvait dans cette partie du pont, et après avoir regardé autour de lui avec précaution, l'homme laissa tomber par-dessus le côté des objets blancs - ce que c'était, Gray ne pouvait pas le voir. "J'ai entendu dire que des pêcheurs s'étaient noyés près d'ici il y a quelques jours. Ce Chink, malgré son costume européen, laisse tomber des portions de pain par-dessus comme nourriture et offrande de paix aux esprits des noyés."

"Oui," acquiesça Delabar, "les classes inférieures des Chinois croient que les noyés ont le pouvoir d'entraîner à la mort les vivants après eux. Des siècles d'efforts missionnaires n'ont pas altéré leurs superstitions. Et, voyez-vous, cela n'empêche pas ces mendiants affamés du monde. des déchets là-bas en récupérant le pain dans l'eau. Ugh !"

Il fourra ses mains dans ses poches et remonta le pont d'un pas lourd, tandis que Gray le regardait avec curiosité, puis se tourna pour observer les déchets. Les coolies saluaient le steward qui les regardait impassible. En voyant Gray, l'homme se dépêcha d'accomplir ses tâches. L'officier hésita un instant, voyant que les jonques regardaient non pas le pain qu'ils avaient à la main, mais le navire. Puis il sourit et continua son chemin.

Malgré les réticences de Delabar, le voyage s'est déroulé sans problème. Les berges du fleuve se refermaient sur eux, des villages de boue épars apparaissaient dans les joncs côtiers. Des garçons à moitié nus agitaient les « déchets de feu » sur le dos des buffles d'eau, et la fumée de Hankow se profilait à l'horizon. De Hankow, le chemin de fer Pékin-Hankow les conduisit confortablement à Honanfu , après une étape de deux jours en charrette.

Ici, ils attendaient que leurs bagages les rattrapent, dans un hôtel assez propre et moderne. Ils évitaient les autres Européens de la ville. Gray savait qu'ils étaient en dehors du circuit habituel des touristes américains et souhaitait voyager le plus tranquillement possible.

"Nous avons de la chance", dit-il à Delabar qui venait d'entrer. "Dans un mois, si tout va bien, nous serons à Liangchowfu , la "Porte occidentale" du pays des steppes. Qu'y a-t-il ?"

Delabar lui tendit une longue feuille de papier de riz avec une expression curieuse.

" Une invitation à dîner avec un des fonctionnaires de Honan, le capitaine Gray... avec le vice-gouverneur. Il nous demande d'apporter nos passeports. "

"Hm," l'officier replaça les cartes qu'il était en train de réviser dans leur valise et plaça la missive dessus. Il jeta la valise dans une valise ouverte. " Une sorte d'invitation polie à montrer nos cartes, à expliquer qui nous sommes, hein ? Eh bien, acceptons avec plaisir. Il faut jouer le jeu selon les règles. Cette invitation n'a rien de bizarre. Les responsables chinois sont assez hospitaliers. . Tout ce qu'ils veulent, c'est un cadeau ou deux.

Il sortit de la valise une horloge avec des carillons et une lampe de poche argentée et les examina doucement.

"Cela devrait faire l'affaire. Nous mettrons nos plus beaux vêtements. Et rappelez-vous, je suis un passionné de gros gibier."

Delabar était de mauvaise humeur cet après-midi-là et regardait sans intérêt les joyeux préparatifs de Gray pour le dîner. Le militaire rangea leurs biens les plus précieux, accrochant soigneusement le fusil qu'il portait dans son étui sur son épaule sous le cadre du lit.

"Un truc que j'ai appris à Mindanao", a-t-il expliqué. "Ces villes regorgent de voleurs, et ce fusil est précieux pour moi. L'homme oriental du deuxième étage n'a pas encore découvert que les hommes de l'armée américaine accrochent leurs fusils sous le cadre de leurs lits. Maintenant, pour le vice-gouverneur, quel est son nom ? Wu Fang Chien ? »

Wu Fang Chien était très affable. Il envoya deux chaises à porteurs aux Américains et les reçut à sa porte avec une politesse marquée, serrant agréablement ses mains dans ses larges manches lorsque Delabar présenta Gray. Il parlait mieux l'anglais que le professeur ne parlait chinois et s'enquit avec sollicitude de leur état de santé et des raisons pour lesquelles ils visitaient son pays.

C'était un grand mandarin, portant les habituelles lunettes cerclées de fer et vêtu de sa robe de cérémonie.

Pendant le long dîner des trente plats habituels, Delabar causa avec le mandarin, tandis que Gray se contentait de quelques compliments d'usage. Mais Wu Fang Chien observait Gray avec attention, de ses yeux fades et fanés.

"Je n'ai pas connu de chasseur américain venu aussi loin en Chine", fit-il observer à l'officier. "Ma maison humble et insuffisante est honorée par la présence d'un passionné. Quel gibier espérez-vous trouver ?"

"Des cerfs, des antilopes et quelques-uns des splendides moutons des montagnes du Shensi", répondit calmement Gray. Le fan de Wu Fang Chien fit une pause, devant la précision de la réponse.

"Alors vous partez loin. Vos passeports le permettent-ils ?"

"Ils nous donnent carte blanche. Nous suivrons les traces du gibier."

"Jusqu'à Liangchowfu ?"

"Peut-être."

"Au-delà, il y a une autre province." Le mandarin tapota pensivement la table de ses doigts bien entretenus. "Je ne vous conseillerais pas, Capitaine Gray, d'aller au-delà de Liangchowfu . Comme vous le savez, mon malheureux pays a connu un double changement de gouvernement et les tribus hors-la-loi de l'intérieur sont devenues indisciplinées lors de la dernière rébellion." Il ne chercha que légèrement ses mots.

Gray hocha la tête.

"Nous sommes prêts à prendre des risques."

Wu Fang Chien s'inclina poliment.

"Il pourrait être dangereux d'aller au-delà de Liangchowfu . Votre pays et le mien sont très amicaux, capitaine Gray. J'estime votre bien-être comme le mien. Mon chagrin augmenterait si une blessure vous arrivait."

"Votre gentillesse fait honneur à votre cœur."

"Je suggère," Wu Fang Chien regarda doucement Delabar inquiet, "que vous me fassiez *viser* vos passeports afin que vous puissiez voyager en toute sécurité de ce côté de Liangchowfu . Ensuite, je vous donnerai une escorte militaire qui vous protégera contre tous les hors-la-loi. "

"L'offre en vaut la peine", a déclaré Gray, qui comprenait que le sens du devoir d'un fonctionnaire municipal était une chose sérieuse, mais ne souhaitait pas d'escorte, "de quelqu'un dont l'hospitalité fait plaisir à ses invités".

Wu Fang Chien s'est serré la main. "Mais nous avons peu d'argent pour payer une escorte——"

"Je vais m'en occuper."

"Malheureusement, une escorte de soldats gâcherait mes chances de chasser le gros gibier. Nous allons chercher des chasseurs indigènes."

Wu Fang Chien s'inclina, avec un léger scintillement d'yeux verts.

"Ce sera comme vous le souhaitez, capitaine Gray. Mais je suis affligé à l'idée que vous puissiez subir un préjudice. Le dernier Américain qui a franchi la porte ouest est mort."

Gray fronça les sourcils. Il ne savait pas qu'un de ses compatriotes avait pénétré si loin dans l'intérieur.

" Sans aucun doute, " poursuivit le mandarin en passant doucement son éventail sur son visage, " vous disposez d'une bonne réserve de fusils. J'ai beaucoup entendu parler de ces excellentes armes de votre pays. Voudriez-vous m'obliger à me les montrer avant de quitter Honan. ?"

« Je serais heureux de le faire, » dit Gray, « s'ils n'étaient pas emballés dans nos bagages qui ne seront pas là avant notre départ. Mais j'ai deux petits cadeaux... »

Le cadeau de l'horloge et de la lumière électrique a tourné le fil de la conversation et a semblé satisfaire Wu Fang Chien, qui les a salués avec la plus grande courtoisie devant les chaises à porteurs qui les attendaient. Puis, tandis que les porteurs ramassaient les bâtons, il sortit un petit vase exquis de sous sa robe et le pressa sur Gray en guise de gage, dit-il, pour garder frais le souvenir de leur visite.

Dans leur chambre de l'hôtel, Gray montra le vase à Delabar. C'était un objet précieux, en émail travaillé sur des feuilles d'or et portant quelques caractères chinois.

"Que pensez-vous de notre digne Wu Fang, bonjour !" il s'est interrompu. Delabar avait saisi le vase et en avait enlevé le dessus.

"C'est ce que les Chinois appellent un pot à messages", explique le scientifique en palpant le vase. Il retira un mince rouleau de soie enroulé autour d'un bâton d'ébène. Sur la soie, quatre caractères chinois étaient délicatement peints.

西
板
勿
獗

"Que signifient-ils?" » demanda Gray en regardant par-dessus son épaule.

Le Syrien lui lança un regard appréciateur, les sourcils froncés. Le visage de son compagnon était inexpressif, à l'exception d'une légère pointe de curiosité. Delabar jugea que le soldat ne savait rien du chinois écrit, ce qui était la vérité.

"Tout ou rien, mon ami. Cela se lit comme un proverbe. L'âme orientale se plaît dans les maximes. Pourtant tout ce qu'elle fait ou dit a un sens, bien souvent un double sens."

"Comme la discussion à table de Wu Fang", sourit Gray. "C'est vrai. Est-ce un dialecte particulier ?"

"Le chinois écrit est à peu près le même partout. Tout comme les chiffres arabes dans toute l'Europe." Il scruta attentivement la soie et ses lèvres s'entrouvrirent. « Le premier idéogramme combine l'attribut ou l'adjectif « intelligent » ou « astucieux » avec l'indicateur « homme ». Un homme astucieux— *hua jen* ."

"Peut-être Wu Fang : peut-être vous. Continuez."

"Le deuxième personnage est très ancien, presque un dessin de banderoles d'avertissement. C'est un 'ne faites pas !' catégorique."

"Alors c'est toi et moi."

"Le troisième caractère est préfixé par *mu* , un arbre, et signifie une planche de bois ou un mur. Le quatrième signifie 'l'Occident'."

"Une énigme, mais pas si difficile à deviner", sourit Gray, prenant ses cartes sur la table et remplissant sa pipe en prévision du travail. " *Un homme malin n'escalade pas le mur occidental* ".

"Vous oubliez", fit remarquer sèchement Delabar, "le négatif. C'est le type d'avertissement le plus fort. *Ne vous approchez pas, si vous êtes sage, du mur occidental* . Mon ami, c'est un avertissement clair, voire une menace. " Le jour même, Wu Fang Chien a laissé entendre que nous ne devrions pas aller à Liangchowfu . Maintenant, il menace... "

"J'en ai rassemblé autant." Gray prit le morceau de soie fine et le parcourut d'un air interrogateur. "Delabar, tu connais l'idéogramme pour "faire" ou "construire" ?

Le scientifique hocha la tête.

"Alors écris-le, là où il semble s'intégrer ici."

Delabar le fit en jetant un coup d'œil à son compagnon. Sur quoi le soldat plia la missive et la replaça dans le pot. Il frappa bruyamment dans ses mains. Presque aussitôt, un garçon apparut à la porte.

Gray lui remit le vase avec pour instructions de le porter à Son Excellence, le fonctionnaire Wu Fang Chien. Il renforça sa commande avec une pièce d'argent en argent. Au scientifique curieux, il expliqua brièvement.

" Wu Fang est un érudit. Il lira notre réponse comme suit : *Un homme sage ne construira pas de mur à l'ouest* . Cela lui donnera matière à réflexion et cela empêchera peut-être les hommes de Son Excellence de réviser nos biens une seconde fois au cours de notre mission. " absence."

Delabar sursauta. "Peut?"

"Oui. Rappelez-vous que j'ai laissé ce message de Wu au-dessus de ces cartes. Je le trouve en dessous. Les cartes sont toutes ici. Nous avons soigneusement verrouillé notre porte. Quelqu'un a visiblement remis nos papiers une fois de plus et a oublié de les remettre en place. dans l'ordre dans lequel il les a trouvés. Je dis que c'était *peut-* être sur ordre de Wu. Je pense que c'était probablement le cas.

"Pourquoi?" Delabar lécha nerveusement ses fines lèvres.

" Parce que rien n'a été pris. Un fonctionnaire chinois a le droit d'être curieux des étrangers dans son quartier. De même, ses hommes n'auraient pas beaucoup de mal à entrer dans la pièce, avec l'aide du propriétaire. Les voleurs ordinaires auraient pris quelque chose de précieux, mes jumelles, par exemple.

Delabar parcourut nerveusement la pièce et regarda par les volets.

"Capitaine Grey!" Il se retourna, "tu sais qu'il y a des cartes du Gobi, de Sungan , dans ton cas. La personne qui est entrée par effraction dans notre chambre a dû les voir."

"Je pense que oui."

"Alors Wu Fang Chien sait peut-être que nous allons au Gobi ! Je n'ai pas oublié ce qu'il a dit à propos du dernier chasseur américain. Quel chasseur est allé jusqu'au Gobi ? Aucun. Alors———"

"Vous pensez qu'il voulait dire———"

"Dr Brent."

Gray secoua lentement la tête. « C'est tiré par les cheveux , Delabar », médita-t-il. "Vous mettez deux et deux ensemble pour faire dix. Tout ce que nous savons, c'est que Wu nous a envoyé une devise polie. Inutile de nous inquiéter."

Mais il était clair pour lui que Delabar était inquiet, et bien plus encore. Gray observait son compagnon de près. Maintenant, pour la première fois, il lisait une peur cachée sur le visage maigre du professeur.

La peur, se dit Gray, était difficile à gérer, chez un homme à la vitalité faible et aux nerfs tendus. Il sentait que Delabar s'alarmait inutilement ; qu'il redoutait ce qui les attendait.

C'est pourquoi il regrettait l'événement de cette nuit qui avait donné forme aux appréhensions de Delabar.

À la demande du scientifique, ils ne quittèrent pas la pièce avant de se coucher. Gray ajusta la canne de Delabar contre la porte, plaçant une ficelle de monnaie chinoise sur la tête du bâton et équilibrant la combinaison de manière à ce qu'un mouvement de la porte envoie le message. des pièces de monnaie s'écrasent sur le sol.

"Juste au cas où nos hommes du deuxième étage nous rendraient une autre visite", expliqua-t-il. "Maintenant que nous savons qu'ils peuvent ouvrir la porte, nous agirons en conséquence."

CHAPITRE V

LES INTRUS

C'était une nuit chaude.

Gray, nu à l'exception d'une chemise et de chaussettes, gisait sous la moustiquaire et regrettait d'avoir apporté le double de la quantité de poudre d'insectes dont il disposait. De l'autre côté de la pièce, Delabar s'était mis à ronfler par intermittence. La nuit n'a pas été calme.

Dans la cour de l'hôtel, des domestiques chinois jouaient sans cesse, leurs voix aiguës s'élevant à travers les volets. De l'autre côté de la rue, une guitare résonnait de façon monotone. Quelque part, un chien a crié.

Les odeurs chaudes de l'endroit assaillaient désagréablement les narines de Gray. C'étaient des odeurs étranges et puissantes, un mélange de terre, d'ordures, de chevaux, de restes de cuisine. Gray soupira, aspirant à l'air pur des plaines vers lesquelles ils se dirigeaient.

Ils étaient encore loin du bord du Gobi. La distance semblait s'étendre interminablement. Il n'est pas facile de traverser le vaste sein de la Chine.

Il se demandait quel succès ils auraient. Quelle était la ville de Sungan ? Comment avait-il échappé à l'observation ? D'ailleurs, comment une ville se trouve-t-elle dans le désert ?

Quelle était la pâle maladie dont Brent avait parlé ? Brent était mort. De causes naturelles, bien sûr. Gray ne prêta guère attention aux suppositions farfelues de Delabar. Mais le comportement de Wu Fang Chien lui a donné matière à réflexion.

Le vice-gouverneur était-il réellement au courant de leur mission ? Ses paroles auraient pu avoir un double sens. Et ce n'est peut-être pas le cas. Le rouleau de soie ne signifiait pas grand-chose. Delabar y avait lu un avertissement ; mais n'était-ce pas le résultat de son imagination ?

Gray se retourna inconfortablement sur son lit et réfléchit à la question. Comment Wu Fang Chien aurait-il pu savoir qu'ils étaient à destination de Sungan ? Leur mission avait été soigneusement cachée à la publicité. Seuls Van Schaick et ses trois associés en étaient au courant. Des hommes comme Van Schaick et Balch pourraient se taire. Et Delabar était certainement assez prudent.

Gray maudissait la chaleur dans sa barbe, avec une mesure supplémentaire pour le chien qui semblait voué à y passer une nuit. Les bavardages à la porte de l'hôtel s'étaient calmés à minuit. Mais la guitare frappait toujours sa note mélancolique, accompagnée des gémissements intermittents du chien en deuil.

Non, pensa Gray endormi, Wu Fang Chien ne pouvait pas être au courant de leur mission. Il avait laissé les nerfs de Delabar s'attaquer à lui-même, c'était tout. Delabar était plein de ces histoires d'Asie, surtout concernant les prêtres...

L'esprit de Gray s'égara dans de vagues visions de temples anciens et oubliés. La note de la guitare est devenue le rythme des tambours du temple, résonnant sur les étendues désertiques. La plainte du chien prenait forme dans les gémissements de formes enveloppées qui se déplaçaient autour de ruines gigantesques, des ruines qui dégageaient des foules d'esprits. Et les esprits reprirent le cri en s'approchant de lui.

Une lumière verte jaillit de la porte du temple. Les gongs retentirent un dernier fracas et Gray se réveilla au bruit du bâton et des pièces tombant sur le sol.

Il est devenu pleinement conscient instantanément – par habitude. Et il était conscient de deux choses. Il dormait depuis un certain temps. De plus, la porte avait été ouverte et des formes sombres entraient en courant dans la pièce.

Gray attrapa son automatique qu'il accrochait toujours à son oreiller. Il l'a raté dans le noir. L'une des silhouettes trébucha contre le lit. Il sentit une main lui effleurer le visage.

Levant rapidement ses jambes, il lança un coup de pied à l'homme qui le cherchait. L'homme recula en grognant et l'officier se releva. Sa vue n'était pas encore dégagée, mais il perçut le flou des silhouettes dans la lumière venant de la porte ouverte.

Il ne perdit pas de temps à crier. L'expérience lui avait appris que la meilleure façon de faire face aux assaillants indigènes était d'utiliser les poings. Il se pencha en avant, se balança et frappa le premier homme qui courut vers lui.

Son poing atterrit au visage de l'intrus. Gray pesait plus de cent soixante-dix livres et il avait le talent que peu d'hommes possèdent pour mettre son poids derrière ses poings. De plus, il n'était pas facilement énervé, et ce sang-froid donnait à ses coups une piquant supplémentaire.

Au moins quatre hommes étaient entrés par effraction dans la pièce. Les deux autres hésitèrent en voyant leurs compagnons renversés. Mais Gray ne l'a pas fait. Il y eut un bref bruissement de pieds sur le sol, le bruit d'un poing lourd frappant la chair, et les envahisseurs trébuchèrent ou rampèrent hors de la pièce.

Gray fut surpris qu'ils n'utilisent pas leurs couteaux. Une fois qu'ils s'aperçurent qu'il était complètement réveillé, ils semblèrent perdre courage. Le combat n'avait duré qu'une minute et Gray était maître du terrain.

Il avait compté quatre hommes alors qu'ils s'enfuyaient. Mais il attendait près de la porte, alerte, pendant que Delabar, resté sur son lit, se levait et allumait la lampe. Le premier regard de Gray lui apprit qu'aucun Chinois n'était visible.

Il respirait fort, mais il n'était pas blessé. Ayant l'avantage à la fois du poids et de la puissance de frappe sur ses adversaires légers, il n'était pas fier de son prompt nettoyage de la pièce. Delabar, cependant, était manifestement chancelant.

« Que voulaient-ils ? » marmonna le professeur en regardant la porte. "Comment--"

"Attention!" prévint Gray sèchement.

Du pied de son lit, une tête apparut. Deux yeux bridés se fixèrent sur lui avec colère. Un Chinois vêtu de vêtements rugueux de coolie en sortit en rampant et se redressa.

Dans une main, il tenait le fusil de Gray, retiré de l'étui. Avec l'autre, il tâtonnait sur le dispositif de sécurité avec lequel il ne semblait pas familier.

Gray a agi rapidement. Comprenant que l'arme était chargée et qu'elle exploserait si le coolie songeait à appuyer sur la gâchette, dans la mesure où le cran de sécurité n'était pas activé, il se pencha sur le côté, vers la tête du lit.

Ici, il tomba à genoux. L'homme au fusil, s'il avait tiré, aurait probablement tiré sur l'Américain qui tâtonnait sous l'oreiller.

En l'occurrence, le coolie n'a pas appuyé sur la gâchette du pistolet. Un éclair de flammes, un *craquement* qui résonna bruyamment dans la pièce étroite – et Gray, par-dessus le viseur de l'automatique qu'il avait récupéré et tiré d'un seul mouvement, vit l'homme chanceler.

À travers la fumée tourbillonnante, il vit le coolie lâcher son arme et courir vers la fenêtre.

Gray couvrit à nouveau l'homme, mais s'abstint d'appuyer sur la gâchette. Il n'était pas nécessaire de tuer le coolie. L'instant d'après, l'homme avait ouvert les volets et plongé par la fenêtre.

En regardant dehors, Gray aperçut vaguement la forme de son adversaire alors que le coolie se relevait et disparaissait dans l'obscurité.

La rue était silencieuse. On n'entendait plus la guitare.

Gray traversa la pièce et ouvrit la porte. La salle était vide. Il ferma la porte, réajusta le bâton et le collier de pièces et sourit à Delabar qui l'observait nerveusement.

"C'en était une contre moi, professeur," admis-t-il joyeusement. "Le coolie qui s'est levé sous le lit doit être celui à qui j'ai donné un coup de pied. Imaginez frapper un homme pour qu'il puisse attraper votre propre arme."

Delabar, cependant, ne voyait aucune plaisanterie dans la situation.

"C'étaient des coolies", dit-il. "Que pensez-vous qu'ils soient venus chercher ?"

"L'argent. Je ne sais pas." Gray replaça les volets et éteignit la lumière. "Nous nous plaindrons à notre propriétaire demain matin. Mais je ne pense pas que nous en tirerons beaucoup de satisfaction. Le fait que mon tir n'a pas fait courir la maison ici montre assez bien que c'était une put- du travail."

Sa prophétie s'est avérée vraie. Le propriétaire de l'hôtel protesta qu'il n'en savait rien. Lorsqu'on lui a demandé pourquoi il n'avait pas enquêté sur le tir, il a déclaré qu'il avait peur. Gray abandonna son interrogatoire et se prépara à quitter Honanfu .

"Plus tôt nous quitterons la juridiction de Wu Fang, mieux ce sera", observa-t-il à Delabar. " Cela ne sert à rien de faire une enquête. Cela ne ferait que nous retarder. Nos bagages sont arrivés ce matin et vous avez engagé les muletiers. Nous allons secouer Honanfu . "

Delabar semblait aussi impatient que Gray de quitter la ville. Des foules de Chinois, attirées peut-être par la rumeur de ce qui s'était passé pendant la nuit, les suivirent dans les rues pendant que Gray rassemblait énergiquement ses deux chariots avec les magasins et les hommes pour conduire les mules.

Il a fait une découverte. En vérifiant la liste des bagages, ils ont constaté qu'il manquait une boîte.

"C'est celui qui avait les fusils et les munitions de rechange", grogna Gray. "Condamner!"

Il avait mis le fusil destiné à McCann avec sa propre pièce supplémentaire et ses munitions dans une boîte séparée. Malgré des interrogatoires persistants, les chauffeurs qui avaient amené les wagons à Honanfu ont nié avoir vu la boîte.

Un télégramme a été envoyé au terminal ferroviaire. La réponse a été retardée jusqu'en fin d'après-midi. Aucune nouvelle de la boîte n'était disponible.

"Ça ne sert à rien", déclara Delabar d'un air maussade. "Rappelez-vous, vous avez dit à Wu Fang Chien que nos fusils étaient avec les bagages. Il a probablement pris la boîte."

"On dirait", a admis Gray, irrité par cette défaite. "Eh bien, il n'y a aucune aide pour cela. Nous ferons une randonnée avant que Wu Fang n'invente autre chose à faire."

Il donna le mot aux muletiers, les chariots avancèrent en grinçant. Il sauta sur la queue du dernier, à côté de Delabar, et Honanfu , avec sa foule qui l'observait, disparut dans la poussière, après un virage sur la route.

À partir de ce moment, Gray garda son fusil à la main ou en bandoulière.

Alors qu'ils étaient assis inconfortablement blottis dans certains magasins, contre le côté du chariot de jogging – rien n'est aussi sensible à la loi de la gravité qu'un chariot chinois sans ressort, ni aussi inconfortable, à moins qu'il ne s'agisse de la surface défoncée d'une autoroute impériale chinoise – tous deux étaient pensée.

Delabar se demandait : « Pourquoi une route impériale en Chine n'est-elle pas une route entretenue – dans le passé – pour l'empereur, mais une route qui peut être remise en ordre, si l'empereur a annoncé son intention de la parcourir ? Mon associé, l'Américain, qui ne pense qu'en ligne droite, ne comprendra jamais le fonctionnement détourné de l'esprit oriental. Et cela lui fera du mal.

Gray, à voix haute : "Regarde ici, Delabar ! Nous pouvons maintenant deviner avec certitude que Wu Fang voudrait gêner notre voyage."

"Je l'ai déjà supposé."

"Hm. Tu penses que c'est parce que les Wusun existent réellement et qu'il veut nous garder loin des Gobi ?"

Delabar fut réveillé de sa muse.

"Un responsable chinois agit rarement de sa propre initiative", a-t-il répondu. "Wu Fang Chien a reçu des instructions. Oui, je pense qu'il a l'intention de nous barrer le passage au-delà de Liangchowfu . En avançant comme nous le sommes depuis Honanfu , nous courons aveuglément vers le danger."

Gray plissa les yeux vers la route poussiéreuse, passant son fusil sur ses genoux. Son visage brun était impassible, la peau autour des yeux profondément ridée par l'exposition. Les yeux eux-mêmes étaient étroits et durs. Delabar avait de plus en plus de mal à deviner ce qui se passait dans l'esprit de l'Américain taciturne.

"Je me demandais," dit lentement Gray, "je me posais des questions depuis longtemps sur une certaine question. En admettant que les Wusun soient là, dans le Gobi, pourquoi sont-ils gardés prisonniers - soigneusement gardés comme ça ? Il ne semble pas logique!"

Le Syrien sourit doucement, tordant sa barbe d'une main fine.

"Logique!" il pleure. "Oh, l'esprit de l'Asiatique intérieur est logique ; mais les raisons qui le gouvernent et les fondements de ses déductions sont tout à fait différents des motifs de la psychologie européenne."

"Eh bien, je ne vois pas la raison pour laquelle le peuple Wusun devrait être gardé pendant plusieurs centaines d'années."

"C'est simple. Le bouddhisme est au cœur de l'âme orientale. Confucius et le taoïsme sont secondaires par rapport à l'avènement du Gautama, au grand Nirvana. Le bouddhisme règne sur la Chine intérieure, le Tibet, une partie du Turkestan, une partie de l'Inde et, sous couvert de *Chamanisme* , Sibérie du Sud-Est."

Gray ne répondit rien. Il étudiait le visage de Delabar, ce visage intellectuel, nerveux et instable.

"Le bouddhisme règne sur l'Asie centrale depuis l'époque de Sakuntala, le grand Sakuntala", poursuivit le scientifique. "Et les lois du Bouddha sont anciennes et très contraignantes. Les Wusun sont des ennemis du bouddhisme. Ils sont de plus grands ennemis que les Mandchous, du nord et de l'est de la Chine. C'est parce que les Wusun vénèrent un symbole qui est odieux aux prêtres de les temples. »

"Qu'est-ce que c'est?"

Delabar hésita.

"Le symbole est un signe barbare. Les Wusun le chérissent, peut-être parce que coupés du monde, ils n'ont d'autre foi que celle de leurs ancêtres." La voix haute du scientifique résonnait avec une forte conviction. « Dans les annales de la dynastie Han, avant la naissance du Christ, il est rapporté qu'une armée dirigée par le général Ho K'u-p'ing fut envoyée à la demande des bouddhistes pour détruire le Huing -nu—, le « vert » " Les diables aux yeux et les Wusun, les Grands, de l'ouest. L'expédition militaire a échoué. Mais depuis lors , les bouddhistes sont aigris contre les Wusun et les ont gardés comme prisonniers. "

"Alors le fanatisme religieux est la réponse ?"

"Une querelle religieuse."

« Parce que les Wusun n'adopteront pas le bouddhisme ?

"Parce qu'ils s'accrochent au signe absurde de leur foi !"

Gray passa une main noueuse sur son menton et fronça les sourcils en regardant son fusil.

"Ça a l'air bizarre. J'aimerais voir ce panneau."

Delabar s'installa avec inquiétude face aux secousses de la charrette.

« Il est peu probable, capitaine Gray, dit-il, que l'un ou l'autre de nous le voie.

Alors ils se turent, chacun étant ainsi occupé avec ses pensées.

Delabar, à lui-même : Mon compagnon est une brute physique ; comment peut-il comprendre les grands mystères de la pensée asiatique ?

Gray : Soit ce Syrien a une grande imagination, soit il en sait plus que ce qu'il m'a dit – et il y a de fortes chances que cette dernière solution soit exacte.

CHAPITRE VI

MIRAI KHAN

Près de Kia- yu - kwan , la porte ouest de la Grande Muraille, les pagodes jumelles de Liangchowfu surgissent de la plaine.

Dans les siècles passés, Liangchowfu était une ville frontière, une citadelle de défense contre les barbares extérieurs de la steppe du nord et de l'Asie centrale. C'est une ville fortifiée, située en travers de la route reliant la Chine à l'intérieur du pays. Au-delà de Liangchowfu se trouvent les hauts plateaux de l'Asie centrale.

Exactement un mois après avoir quitté Honanfu , comme Gray l'avait promis, les chariots transportant les deux Américains passèrent la porte de la ville.

Gris, poussiéreux et taché de voyage jusqu'à la taille, mais alerte et droit dans sa voiture, marchait devant les deux charrettes. Il n'a montré aucun effet négatif de la dure étape du voyage qu'ils venaient de terminer.

Delabar gisait derrière le rideau de cuir d'un des chariots. Son moral avait souffert du mois dernier. La route monotone, avec ses incessants villages de boue l'avait déprimé. Les groupes d'indigènes accroupis au soleil devant leurs huttes, à la recherche incessante de vermine, et les foules d'enfants qui cherchaient sur les routes du crottin de cheval pour se chauffer, avaient mis à rude épreuve ses nerfs sensibles.

Ils n'avaient pas vu d'homme blanc pendant le voyage. Gray avait écrit à Van Schaick avant de quitter Honanfu , mais ils n'attendaient aucun courrier avant leur retour à Shanghai.

« Si nous atteignons à nouveau la côte », avait dit Delabar d'un ton maussade.

Le meilleur air de la région montagneuse qu'ils traversaient n'avait pas amélioré son moral, comme cela avait amélioré celui de Gray. La vue des sommets recouverts de forêt, avec leurs pagodes cachées, du haut desquelles les cloches à vent envoyaient leur tintement dans la brise, n'intéressait pas le scientifique.

Aperçus d'ouvriers bruns à lunettes qui les observaient depuis les rizières, ou vision d'une jonque en lambeaux, descendant un estuaire dans le calme pourpre du soir, lorsque le jaune terne des champs et le vert des collines se mélangeaient. dans une douce brume, Delabar ne leva pas les yeux.

La Chine, vaste et immuable, avait pris les deux Américains pour elle. Et Gray savait que Delabar avait peur. Il s'en doutait à Honanfu . Maintenant, il en était certain. Delabar s'était mis à fumer sans cesse et ne faisait aucune tentative de faire de l'exercice comme le faisait Gray. Il ruminait dans le chariot.

Le calme de l'officier de l'armée semblait irriter Delabar. Souvent, lorsque deux hommes restent seuls pendant une longue période, ils s'énervent mutuellement. Mais le problème de Delabar était plus profond que cela. Ses peurs l'avaient assailli au cours du mois. Il avait pris l'habitude de surveiller la route poussiéreuse derrière eux. Il a mal dormi.

Pourtant, ils n'avaient pas été agressés. Ils n'étaient pas surveillés, d'après ce que Gray pouvait observer. Ils n'avaient plus de nouvelles de Wu Fang Chien.

Les rues de Liangchowfu étaient bondées. C'était une sorte de jour de fête. Gray a noté qu'un certain nombre de prêtres les regardaient impassiblement alors qu'il conduisait les attelages de mulets vers une auberge située à l'autre côté de la ville, près du mur ouest, et persuadait le propriétaire de débarrasser l'un des invités des cochons et des enfants. chambres.

— Nous avons été bêtes d'arriver jusqu'ici, murmura Delabar en se jetant sur un banc de bambou. "Avez-vous remarqué la foule dans les rues que nous avons traversées ?"

"C'est un jour de fête, ou de bazar, j'imagine", observa doucement Gray, enlevant ses chaussures couvertes de boue et en étendant sa grande silhouette sur le banc d'argile qui faisait office de lit.

"Non." Delabar secoua la tête. "Gray, je te le dis, nous sommes des imbéciles. Les Chinois de Liangchowfu savaient que nous venions. Ces prêtres étaient des adeptes bouddhistes. Ils sont ici dans un but précis."

"Ils semblent assez inoffensifs."

Delabar éclata de rire.

"Avez-vous déjà connu un Mongol pour vous avertir avant de frapper ? Non, mon ami. Nous sommes dans un joli piège ici, à l'intérieur des murs. Nous sommes les seuls Européens sur place. Chacun de nos mouvements sera surveillé. vous pensez que nous pouvons passer à travers les murs sans que les Chinois le sachent ? »

"Non", a admis Gray. "Mais il fallait venir ici pour de la nourriture et un nouveau relais de mulets."

"Nous ne quitterons jamais Liangchowfu , vers l'ouest. Mais nous pouvons toujours y retourner."

"Nous pouvons, mais nous ne le ferons pas."

Gray se tourna vers le lit où il était assis et gratta timidement un espace libre sur le papier glacé qui formait l'unique fenêtre fermée de la pièce. La ventilation est inconnue en Chine.

Il a découvert qu'il pouvait regarder dans la rue. L'auberge était construite autour de trois côtés d'une cour et leur chambre se trouvait au bout d'une aile. Il aperçut une foule régulière de passants : des mendiants grêlés, des coolies au visage flasque qui traînaient des femmes dans des brouettes, un astrologue qui avait pris position au milieu de la rue avec les deux moineaux apprivoisés qui constituaient son fonds de commerce, et un quelques Kirghizes fanfarons et vêtus de peau de mouton venus de la steppe.

Alors que chaque individu passait devant l'auberge, Gray remarqua qu'il y jetait un rapide coup d'œil avec des yeux bridés. Un impressionnant palanquin descendit la rue. Un gros porteur en tunique de soie avec un bâton marchait devant les porteurs. S'approchant de l'astrologue, l'homme au bâton le frappa avec mépris.

À ce moment-là, Gray aperçut le rideau du palanquin soulevé et le contour d'un visage qui regardait l'auberge.

"Nous semblons être le spectacle de la ville", dit-il à Delabar en enfilant ses chaussures. "Le bus à col roulé vient de passer. Regardez ici, professeur ! Pas la peine de se morfondre ici. Sortez et faites voler la nourriture dont nous avons besoin. Je vais inspecter nos bagages dans l'écurie."

Lorsque Delabar fut parti en mission, Gray quitta l'auberge tranquillement. Il erra après le scientifique, jetant un coup d'œil curieux à la foule qui s'était rassemblée sur ce qui était évidemment la place centrale de la ville, entourée d'un ensemble de stands.

La foule était trop nombreuse pour qu'il puisse voir quelle était l'attraction, mais il se fraya un chemin sans cérémonie. Sûr que quelque chose d'inhabituel devait être en train de se produire, il fut surpris de voir seulement un soldat chinois indescriptible vêtu d'une veste autrefois bleue avec une épée rouillée ceinturée. À côté du soldat se trouvait un vieil homme au visage ridé et brun d'où brillaient deux yeux perçants.

Grâce à son manteau en peau de mouton, ses jambes bandées et ses bottes en peau de yak souillées, Gray a identifié l'aîné des deux comme un alpiniste kirghize. Les deux hommes étaient accroupis, le Kirghiz fumant la pipe.

"Ce qui se passe?" » a demandé Gray à un passant, en désignant les deux hommes dans l'espace dégagé.

Les accents du dialecte frontalier vinrent facilement à sa langue. L'autre a compris.

"Cela arrivera bientôt", a-t-il expliqué. "C'est Mirai Khan, le chasseur, qui fume la pipe. Quand il aura fini, le soldat mandchou lui coupera la tête."

Gray siffla doucement. La foule le regardait maintenant, avec l'intention de découvrir un nouveau spectacle. Même Mirai Khan le regardait sans rien faire, apparemment indifférente à sa disparition prochaine.

"Pourquoi fume-t-il la pipe ?" » demanda Gray.

"Parce qu'il le veut. Le soldat le laisse faire parce que Mirai Khan a promis de lui dire où se trouve son long mousquet, avant de mourir."

"Pourquoi doit-il mourir ?"

L'homme à côté de lui toussait et cracha apathiquement. "Je ne sais pas. Cela a été commandé. Peut-être qu'il a volé la valeur de dix *taels* ."

Gray connaissait suffisamment la loi particulière de la Chine pour comprendre que le vol d'un objet évalué à plus d'une certaine somme était passible de la peine de mort. La vue du tranquille Kirghiz attise son intérêt.

« Demandez au soldat quel est le délit », insista-t-il en montrant une pièce de monnaie que le Chinois regardait avec impatience.

Mirai Khan, a été informé Gray, avait été reconnu coupable du vol d'un cheval valant treize *taels* . Les Kirghizes avaient affirmé que le cheval était le sien, enlevé par les fonctionnaires de Liangchowfu qui avaient besoin de bêtes de somme. L'affaire avait été portée devant les autorités de Honanfu , et un personnage tel que Wu Fang Chien avait jugé que puisque le chasseur avait nié l' accusation , il avait menti au tribunal. C'est pourquoi il faut certainement qu'il soit décapité.

Gray sympathisait avec Mirai Khan. Il avait suffisamment vu Wu Fang Chien pour deviner que le cas des Kirghizes n'avait pas reçu beaucoup d'attention. Quelque chose dans le visage astucieux de l'alpiniste attira Gray. Il s'avança dans l'espace dégagé.

"Dites au Mandchou, " dit-il sèchement au Chinois qu'il avait entraîné avec lui, "que je connais Wu Fang Chien. Dites-lui que je paierai le montant du vol, s'il libère le prisonnier."

"Ce n'est peut-être pas le cas", objecta l'autre avec indifférence.

"Faites ce que je dis," ordonna sèchement Gray.

Le soldat, apparemment fatigué d'attendre, s'était levé et avait dégainé son arme. Il se pencha sur le Kirghize qui restait agenouillé. Cette vue accéléra le pouls de Gray, malgré le danger qu'il savait courir en interférant avec les autorités chinoises.

"Vite", a-t-il ajouté. Son compagnon murmura au soldat qui jeta un regard surpris à l'Américain et hésita.

Gray compta treize *taels* – environ dix dollars – et en ajouta cinq autres. "J'ai parlé avec Wu Fang Chien", a-t-il expliqué, "et j'achèterai la vie de cet homme. Si la valeur du cheval est payée, le crime ne sera plus."

Le Mandchou au manteau bleu dit quelque chose, évidemment une objection.

"Il dit", interpréta le Chinois qui lorgnait l'argent avec avidité, "que treize *taels* n'effaceront pas l'insulte faite au juge."

"Cinq de plus", répondit Gray. "Il peut les garder s'il le souhaite. Et voici un *tael* pour toi."

L'interprète bénévole serra la pièce dans une main en forme de griffe. Gray jeta le reste de l'argent sur le bourreau hésitant et saisit Mirai Khan par le bras.

Faisant un signe de tête au Kirghiz, il le conduisit à travers la foule qui marmonnait avec inquiétude. Il a emprunté une ruelle.

"Pouvez-vous sortir de Liangchowfu sans être vu ?" » l'Américain a demandé son nouvel achat. Il avait désormais plus confiance dans le discours tribal.

Mirai Khan a compris. Plus tard, Gray a appris que l'homme était très vif d'esprit. De plus, il avait une langue polyglotte.

"Oui, Excellence." Mirai Khan tomba à genoux et pressa son front contre les chaussures de son sauveteur. "Il y a un trou dans le mur ouest derrière le temple où les hommes de la caravane abreuvent leurs bœufs et leurs chameaux."

"Allez donc et vite."

"Je vais m'acheter un cheval", promit Mirai Khan, "et les porcs chinois ne me verront pas partir."

Gray pensa que Mirai Khan était peut-être plus un voleur de chevaux qu'il ne le prétendait.

"L'Excellence m'a sauvé la vie", marmonna le Kirghiz en jetant un coup d'œil astucieux autour de lui. "Il était écrit que je devrais mourir aujourd'hui, et il m'a gardé de la vue de l'ange de la mort. Mais treize *taels* est une grande richesse. Ce serait bien si je trouvais mon fusil et tuais le soldat. Alors l'Excellence aurait à nouveau ses treize *taels* . Où le trouver ? »

"À l'auberge près du mur occidental. Mais peu importe les Mandchous. Sauvez votre peau."

Gray s'éloigna à grands pas dans l'allée, car des hommes les poursuivaient. Au fond d'une cabane peu recommandable, le Kirghiz s'est tiré la manche.

"Oui, il en sera ainsi, Excellence", murmura-t-il. "L'honorable maître a-t-il du tabac ?"

Avec impatience, Gray sortit un peu de tabac de sa bourse et le versa dans la main cicatrisée du chasseur. Mirai Khan a alors demandé des matchs.

"Je n'oublierai pas", a-t-il déclaré d'un ton important. "Vous reverrez Mirai Khan. Je le jure. Et je vais vous dire quelque chose. Wu Fang Chien est à Liangchowfu ."

Sur ce, l'homme s'éloigna d'un pas traînant dans une ruelle, ressemblant aux yeux du monde entier à un chien hirsute aux pattes inhabituellement longues. Gray le suivit du regard avec un sourire. Puis il se tourna vers l'auberge.

Cette nuit-là, il y avait une fête à Liangchowfu . Le son des tambours du temple parvint jusqu'à l'auberge. Des lanternes sont apparues sur les façades des maisons de l'autre côté de la rue. Des foules de prêtres passaient en procession cérémoniale, portant des lumières. Dans la cour de l'auberge, un groupe de musiciens se tenait debout, produisant une hideuse moquerie d'un air de cymbales et de violons à une corde. Mais la pièce principale de l'auberge, où les tables étaient dressées avec des bols et des baguettes, était déserte à l'exception d'un coq errant.

"Je sors voir le spectacle", a affirmé Gray, las de l'inaction.

"Quoi!" Le Syrien le regardait fixement, se palpant la barbe avec inquiétude. "Avec Wu Fang Chien en ville !"

"Certainement. Il n'y a rien à faire ici. Je pourrai peut-être récupérer des informations qui seront utiles... si nous sommes en danger."

Delabar jeta sa cigarette et haussa les épaules.

"Nous sommes des hommes marqués, mon jeune ami. J'ai vu cet après-midi qu'une garde était postée aux portes de la ville. Ces musiciens là-bas sont des espions. Le maître de l'auberge est dans l'écurie, avec nos hommes."

"Alors nous allons secouer notre escorte pendant un moment." Le sourire de Gray s'effaça. "Écoutez, professeur. Je suis conscient de la situation dans laquelle nous nous trouvons. Nous devons sortir de cet endroit. Et je veux jeter un œil à ce trou dans le mur dont Mirai Khan m'a parlé. D'abord. chose - pour voir si les chevaux peuvent s'en sortir.

Delabar l'accompagna hors de la cour, dans la rue. Gray nota sombrement que les musiciens avaient cessé de jouer après leur départ. Il fit signe à Delabar de le suivre et s'engagea dans l'allée qu'il avait visitée cet après-midi. Regardant par-dessus son épaule, il vit une forme sombre se glisser à l'entrée de l'allée.

"Doublez le temps, professeur," murmura Gray. Saisissant l'autre par le bras, il trottina à travers les tas d'ordures qui jonchaient l'arrière des maisons, se retournant brusquement plusieurs fois jusqu'à ce qu'il soit convaincu qu'ils n'étaient plus suivis. Il avait comme point de repère la masse sombre de la pagode qui formait le toit du temple.

C'est dans cette direction qu'il se dirigea, esquivant dans l'ombre lorsqu'il aperçut un groupe de Chinois. Il suivait maintenant le tracé du mur, qui le menait dans un jardin, faisant manifestement partie de l'enceinte du temple.

Il n'a rien vu de l'ouverture mentionnée par Mirai Khan. Mais un murmure de voix provenant des fenêtres fermées de l'édifice attira son intérêt.

"C'est une réunion des bouddhistes", murmura Delabar. "J'ai entendu les messagers du temple crier l'invocation dans la rue cet après-midi."

Gray s'approcha du bâtiment. C'était une haute structure en bois sculpté. Les fenêtres étaient petites et hautes. Gray les examina de manière spéculative.

"Nous n'avons pas été invités à la réunion, professeur", médita-t-il, "mais je donnerais quelque chose pour voir à l'intérieur. À en juger par ce que vous m'avez dit, ces types bouddhistes sont nos ennemis particuliers. Et c'est plutôt une coïncidence. ils ont tenu une réunion de loge ce soir.

Il chercha un espace le long du mur. Ils étaient protégés des regards de la rue par les arbres du jardin.

"Bonjour," murmura-t-il, "voilà de la chance. Une porte. On dirait une entrée de scène, avec une sorte de sculpture dessus."

Delabar s'avança et regarda l'inscription. La lumière réfléchie par l'éclairage de la rue lui permettait de voir assez bien.

"C'est la porte de cérémonie du temple", observa-t-il. "C'est l'une des portes construites pour une occasion spéciale – uniquement pour être utilisée par un érudit de la ville qui a remporté les plus grands honneurs de l'académie de Hanlin, ou par l'empereur lui-même – lorsqu'il y en avait un."

Gray poussa la porte. Elle n'était pas fixée, mais, étant en désuétude, elle céda lentement, avec un craquement de gonds de fer. Delabar l'a vérifié.

"Vous ne connaissez rien aux coutumes chinoises", siffla-t-il en guise d'avertissement. "Il est interdit à quiconque d'entrer. La pénalité..."

"Décapitation, je suppose", interrompit Gray avec impatience. " Venez, Delabar. C'est une occasion spéciale et, par Jupiter, vous êtes un érudit distingué. "

Il entraîna l'autre à l'intérieur avec lui. Ils se tenaient dans un passage noir empli d'une odeur de moût et d'encens mélangés. Gray sortit sa lampe de poche de son manteau et en alluma le faisceau devant eux. Il sentait Delabar frissonner. S'étonnant de l'état des nerfs du scientifique, il aperçut devant eux une ouverture dans laquelle apparaissaient des marches.

Ils semblaient se trouver dans une partie déserte du temple. Gray voulait vraiment voir ce qui se passait et ce qui se trouvait en haut des escaliers. Il monta le plus doucement possible, suivi du Syrien qui marmonnait pour lui-même.

CHAPITRE VII

LA PORTE EST GARDÉE

Une lueur tamisée apparut au-dessus de la tête de Gray, alors que les escaliers étroits se tordaient. La lueur devint plus forte et il capta le bourdonnement des voix. Avec précaution, il grimpa jusqu'au haut des marches et scruta la pièce d'où venait la lumière.

Il vit une pièce particulière. Il n'y avait aucun meuble à l'exception d'une chaise en teck. La lumière passait par une grande ouverture pratiquée dans le sol. Une grille d'ébène, dorée et marquetée, courait autour de ce carré de lumière. Les voix devinrent plus fortes.

Il était clair pour Gray qu'ils se trouvaient dans une sorte de galerie au-dessus de la pièce où se trouvait l'assemblée, car les voix semblaient s'élever à travers le sol.

Il se dirigea vers la chaise et s'arrêta brusquement.

L'ouverture dans le sol se trouvait directement au-dessus du temple proprement dit. Gray et Delabar pouvaient voir le sanctuaire, avec la figure habituelle en bronze du dieu aux yeux en amande, les cierges allumés et les bols d'encens.

Sur le sol, près du sanctuaire, le rassemblement des prêtres était accroupi. Ils faisaient face, non pas à l'image de Bouddha, mais à une chaise posée sur une estrade d'un côté. Sur cette chaise était assis un imposant mandarin avec le bouton rouge et la robe de soie des fonctionnaires.

"Wu Fang Chien!" murmura Delabar.

Gray hocha la tête. C'était leur ami de Honanfu , avec sa barbe fine, son visage placide et ses lunettes.

"Que font-ils?" » demanda doucement Gray.

Le murmure des voix persistait. Delabar écouta quelque temps. Puis il désigna un homme en habit de mendiant agenouillé près du fauteuil du mandarin.

"C'est une sorte de procès", dit-il dubitatif. "Le prêtre de Wu Fang Chien est un ascète, ce qu'on appelle un *fakir* en Inde. Mais ce n'est pas lui le criminel."

Ils se rapprochèrent de l'ouverture, étant à l'abri de l'observation d'en bas. Gray fronça le nez à l'odeur mêlée d'encens et de sueur mongole qui flottait par l'ouverture.

"Wu Fang Chien dit qu'il est venu à Liangchowfu pour juger les malfaiteurs qui sont les ennemis du dieu", interpréta Delabar. "Il a appelé les prêtres à témoigner des débats."

Gray regarda Delabar avec curiosité. Il avait saisi un mot ou deux de la conversation.

"Est-ce qu'il nomme les délinquants ?" Il a demandé.

"Non. Il dit que la prêtrise a été informée que deux hommes projetaient de profaner un lieu saint. Il est venu les prendre en flagrant délit."

Wu Fang Chien, se dit Gray, ne pouvait pas savoir qu'ils se trouvaient dans la galerie du temple, près du siège réservé à un étudiant distingué, ou à l'empereur. Le mandarin a dû découvrir leur mission, comme le craignait Delabar. Il regarda par-dessus le rail.

Directement en dessous, trois prêtres étaient torse nu. Ils tenaient un bol en bronze de taille considérable.

Pendant que Gray regardait, un silence tomba dans la pièce du dessous.

« Ils vont tenter la divination », murmura Delabar, et Gray vit que son visage était tendu. "La divination des bâtons d'ivoire et du bol. C'est une coutume des sorciers de l'intérieur. Les prêtres y croient implicitement. J'ai vu des choses merveilleuses..."

Il s'interrompit tandis que l'ascète se prosternait devant Wu Fang Chien, lui tendant une boîte en bois de santal. Gray vit le mandarin se pencher en avant et sortir de la boîte ce qui ressemblait à un petit bâton blanc.

"Il s'agit de déterminer la distance entre les criminels et le temple", a expliqué Delabar. "C'est un bâton très court, représentant peut-être un *li* ou un tiers de mile."

"Cela inclurait l'auberge", fut le commentaire de Gray. "Bonjour, les bowl boys entrent en action."

Les trois prêtres se tournaient lentement sur leurs pieds, soutenant le bol de bronze au-dessus de leurs têtes. Ils se déplaçaient dans une sorte de danse et, en tournant, se rapprochaient du sanctuaire, puis se retiraient. Delabar observait attentivement.

"Ils continueront la danse pendant vingt-quatre heures", dit-il, "sans s'arrêter. Pendant ce temps, les autres prêtres regarderont, sans manger ni boire. Cela provoque une sorte d'hypnotisme. Ils croient qu'à la fin des vingt-quatre heures, -quatre heures, le dieu entrera dans le bol."

Gray hocha la tête. Wu Fang Chien s'était assis et regardait la danse avec complaisance.

"Quand cela arrivera", continua Delabar, "les prêtres quitteront le temple en tenant le bol devant eux. Ils seront suivis par les habitants qui ne doutent pas que le dieu les conduira vers les criminels."

"Je suppose que nous sommes nommés coupables."

Gray observa la scène avec curiosité, le trio tournant de corps bruns, le mandarin silencieux et les prêtres qui les observaient. Il suivit distraitement les vapeurs de fumée qui s'élevaient du sanctuaire du dieu de bronze. Wu Fang Chien, pensa-t-il, avait décidé qu'il était temps de frapper. Et le mandarin s'y conduisait avec la patience du Mongol, sûr de sa victime et de sa propre puissance.

Wu Fang Chien les avait prévenus. Ils n'avaient pas tenu compte de l'avertissement. L'attaque de Honanfu avait été un prélude, peut-être pour lui arracher les armes. Cela avait échoué, mais Wu Fang Chien avait élaboré un autre plan. Sinon, pourquoi était-il venu à Liangchowfu ?

En regardant les prêtres tourbillonner, Gray devina le plan. Dans vingt-quatre heures, la sorcellerie du bol atteindrait son paroxysme. Les trois prêtres le porteraient à l'auberge, eux-mêmes en état de semi-hypnotisme et suivis par une foule fanatique. Ils affronteraient Gray et Delabar. Ils fouilleraient les affaires des hommes blancs et trouveraient les cartes de Sungan – les cartes qui avaient été vues par l'intrus à l' auberge Honanfu . Après cela--

Delabar agrippa le bras de son compagnon. « Quelqu'un arrive », murmura-t-il.

Gray écouta et entendit un léger bruit de pas. Cela venait des escaliers – le doux bruit des pieds chaussés qui montaient les marches. Gray jeta un rapide coup d'œil au temple en contrebas. La scène n'avait pas changé, sauf que le prêtre à la robe en lambeaux n'était plus aux côtés de Wu Fang Chien.

"Nous sommes pris", marmonna le scientifique. "Il n'y a pas d'autre porte."

Gray en était conscient. Les seules ouvertures dans la pièce où ils se trouvaient étaient la porte et l'ouverture dans le sol. Le *pad-pad* se rapprocha, mais plus lentement. Il était raisonnablement sûr qu'ils n'avaient pas été vus. C'était une abominable malchance que quelqu'un visite la galerie à ce moment-là.

"Nous avons laissé la porte du temple ouverte", murmura Delabar en regardant les escaliers sombres derrière eux. "Un des prêtres l'a observé et est venu——"

"Stable," le prévint Gray. Il ramena le Syrien tremblant dans l'ombre d'un côté de la porte. Ici, ils étaient dans la semi-obscurité. Se plaçant tranquillement à portée de main du haut des escaliers, Gray attendit.

Il entendit les pas approcher, puis se tut comme si l'intrus regardait dans la pièce.

Un moment passa pendant que Gray maudissait silencieusement la respiration lourde de Delabar qui semblait possédé par une excitation incontrôlable. Puis une tête rasée apparut dans l'embrasure de la porte, suivie d'une épaule nue. Une paire d' yeux bridés et maléfiques parcoururent la galerie, ne remarquant pas les deux hommes blancs dans l'ombre.

La main de Gray sortit et se referma sur la gorge du prêtre. Sa poigne se resserra, étouffant un halètement étouffé. L'homme tomba lourdement à genoux.

Le sol résonna sourdement sous l'impact. Gray réalisa que cela avait dû être entendu par ceux qui se trouvaient dans le temple en contrebas. Attrapant le frêle prêtre par la gorge et la jambe, il le souleva facilement et descendit les escaliers tête baissée.

"Par ici, professeur," appela-t-il. "Mieux de se dépêcher."

La dissimulation étant désormais inutile, ils dévalèrent les marches. Au moment où l'étage inférieur fut atteint, la poigne de Gray avait apaisé les luttes de l'homme, qu'il reconnut comme l'ascète.

Le bruit des pas qui couraient lui parvint tandis qu'il attendait l'arrivée de Delabar. Le professeur traversa la porte du temple comme un lapin effrayé.

Gray jeta le prêtre inconscient sur le rebord de la porte et poussa le lourd portail presque fermé, coinçant le corps de l'homme dans l'ouverture. Puis il trottina après Delabar à travers le jardin.

"Espérons que vous avez raison à propos de la pénalité pour avoir ouvert la porte là-bas", a-t-il ri. "Ce prêtre aura fort à faire pour expliquer comment il se trouve allongé sur le seuil de l'empereur... quand il reviendra à lui. Il dira probablement que les démons l'ont ramassé."

En regardant le bord du jardin du temple, Gray vit une foule avec des lanternes debout à l'intérieur de la porte, au-dessus de la forme du prêtre. Ils étaient déjà à une certaine distance. En suivant le contour des remparts de la ville, Gray réussit à regagner les ruelles arrière de l'auberge sans être observé.

Une fois en sécurité dans leur chambre, Delabar se jeta sur le lit, haletant. Gray prit son fusil et le posa sur ses genoux, plaçant sa chaise de manière à pouvoir commander à la fois la porte et la fenêtre.

Il ne voulait pas dormir. Et il craignait de faire confiance à Delabar pour surveiller. Durant les heures restantes, jusqu'à ce que le jour blanchisse le papier de la fenêtre, il resta assis sur sa chaise. Mais rien de plus ne s'est produit. Les festivités dans les rues étaient terminées et l'auberge elle-même était calme, inhabituellement calme.

La lumière du jour montrait Delabar allongé sur le lit, fumant d'innombrables cigarettes. Le scientifique avait maintenu un silence maussade depuis leur arrivée à l'auberge. Le son de voix excitées flottait depuis la cour. Des véhicules pouvaient être entendus passer dans la rue. Mais le tumulte ordinaire d'une hôtellerie chinoise à l'heure du petit-déjeuner était maîtrisé.

Gray jeta son fusil sur le lit, bâilla et étira sa puissante silhouette. Il avait faim et il l'a dit. Il épousseta la saleté de ses chaussures, enfila une chemise propre et chercha de l'eau dans le seau. N'en trouvant aucun, il ramassa le seau, se dirigea vers la porte et l'ouvrit brusquement.

Sur le seuil, adossé au montant de la porte, était assis un prêtre bouddhiste. C'était un homme âgé, le visage ridé et les yeux enflammés. Son épaule droite et sa poitrine étaient découvertes . Dans une main, il tenait un long couteau. Ses yeux se tournèrent vers l'homme blanc avec vengeance.

Gray reconnut l'ascète du temple. Il pouvait voir les marques sombres là où ses mains avaient serré la gorge maigre.

Il attrapa son automatique de sa main libre. Le prêtre ne bougea pas. L'homme était accroupi sur ses talons, juste au-dessus du seuil ; le couteau reposait sur un genou. Depuis combien de temps il était là, Gray ne le savait pas.

Le prêtre et l'homme blanc se regardèrent intensément. Gray fronça les sourcils. De toute évidence, l'homme à la porte n'avait pas de bonnes intentions ; mais pourquoi cet individu restait-il assis, tenant passivement le couteau ? Il remarqua fugitivement que la pièce principale de l'auberge était vacante.

"Ne bouge pas !" La voix de Delabar lui parvint, aiguë d'inquiétude. "Ne fais pas un pas. Ferme la porte et reviens ici."

"Pourquoi?" » demanda Gray avec curiosité. "Je veux aller chercher de l'eau, et je suis béni si ce type me garde à l'intérieur———"

"C'est la mort de bouger !"

"Pour moi?"

"Non, le curé va mourir." Delabar serra le bras de son compagnon. "Vous ne comprenez pas. Le prêtre est ici en mission. Si vous franchissez la porte, il se poignardera avec le couteau. Et s'il se suicide à notre porte, tout Liangchowfu s'abattra sur nous." ".

Gray a empoché l'automatique en riant. "Je ne vois pas pourquoi nous sommes coupables si ce singe jaune se pique avec son propre couteau."

Delabar se dirigea vers la porte et la ferma au bouddhiste qui l'observait.

"Vous connaissez très peu la Chine, mon ami", dit-il sombrement. "L'une des méthodes de vengeance préférées est d'engager un prêtre pour s'asseoir à la porte d'un homme, comme ceci. Ensuite, si quelqu'un quitte la maison, le prêtre se suicide. Cela corrige - ou les Chinois croient que cela corrige - un crime sur l'homme de la maison. C'est une habitude des Chinois de se suicider pour se venger d'un ennemi.

Grey siffla. "J'ai entendu quelque chose de ce genre. Mais, écoutez, je pourrais attraper ce type avant qu'il ne se blesse."

"Cela ne servirait à rien. Dès qu'il serait libre, il se suiciderait et la faute retomberait sur nous. Désormais, tous les Chinois de la ville savent que ce prêtre est ici. S'il devait mourir, ce serait être le signal d'une attaque générale contre nous. »

Pensivement, Gray s'assit sur le seau et réfléchit à la situation.

"Vous connaissez le fonctionnement de l'esprit jaune, professeur", observa-t-il. "Pensez-vous que cet homme nous a désignés comme les coupables qui l'ont malmené dans le temple et l'ont laissé à la porte sacrée ?"

"Il est plus probable que Wu Fang Chien ait deviné que nous étions les intrus. Nous avons probablement été surveillés plus étroitement que vous ne le pensiez. Ensuite, selon la loi du temple, ce prêtre est coupable de sacrilège en franchissant la porte de l'empereur. Wu Fang Chien a donc ordonné à lui de garder notre porte, d'effacer son propre péché et de nous incriminer en même temps.

Gray sourit joyeusement.

"Le fonctionnement de l'esprit mongol est une révélation, Delabar. Je suppose que tu as raison. C'est la manière de Wu Fang Chien de nous faire taire ici pendant que les garçons avec le bol préparent leur magie. En outre, cela aidera à faire en sorte que les citadins nous sont hostiles. »

Lentement, le plan de Wu Fang Chien mûrissait. Gray vit le piège du mandarin mongol se refermer autour d'eux. C'était un piège étrange et fantastique. Aux États-Unis, la situation aurait été risible. Ici, c'était mortel.

Wu Fang Chien avait fait ses préparatifs avec soin. La fête du temple avait excité les bouddhistes ; l'arrivée du bol de bronze, porté par les prêtres, impliquerait les deux hommes blancs ; la découverte des cartes du quartier interdit du Gobi ferait le reste.

Gray pourrait détruire les cartes. Mais alors il n'aurait aucun guide sur la marche à suivre s'ils devaient s'échapper de Liangchowfu . Il n'était pas encore disposé à détruire toute perspective de succès.

Il chercha les cartes dans un de leurs paquets et les empocha.

"Est-ce que ce tour de passe-passe du bol dans le temple prend toujours vingt-quatre heures ?" demanda-t-il à Delabar.

"Toujours."

" Eh bien, Wu Fang ne voudra pas enfreindre les règles du jeu, pas quand il a les cartes si bien en main. Professeur, nous avons quatorze heures pour réfléchir à une ligne d'action. Nous avons ici assez de nourriture pour faire un plan d'action. " un repas carré ou deux. Et aussi du vin, comme cadeau aux mandarins de la ville, qui nous empêchera d'avoir trop soif.

Delabar haussa ses épaules courbées. Il avait l'air malade. Sa main tremblait et il était clair pour Gray que l'homme était au bord de la dépression.

"Que pouvons-nous faire?" » demanda plaintivement le Syrien. "Sauf détruire les cartes, ce qui nous incriminerait."

"Nous ne ferons pas ça."

Il arrive un moment où la fatigue met à mal une vitalité faible. Delabar se plaignait, suppliait, maudissait. Mais Gray refusa de brûler les papiers qui signifiaient le succès ou l'échec de leur expédition.

"Tu es malade, Delabar," dit-il fermement. "Vous semblez oublier que nous sommes ici en mission. Maintenant, faites attention une minute. Je me préparais, d'une manière ou d'une autre, à une action de la part de Wu Fang. J'ai payé à nos coolies quatre fois ce qui leur était dû. Je leur ai promis le double s'ils restaient à nos côtés. Je pense qu'ils pourraient le faire. Si c'est le cas, nous avons de bonnes chances de nous en sortir avec nos provisions nécessaires : rations d'urgence, médicaments, quelques ustensiles de cuisine et couvertures. Mais nous ne pouvons rien commencer avant qu'il ne fasse noir. Dormez si vous le pouvez. Si vous ne pouvez pas, ne vous inquiétez pas.

Il jeta au scientifique un regard curieux, un regard mêlé de mépris bon enfant et d'anxiété.

"Cette astuce du gardien de la porte fonctionne dans les deux sens", a-t-il conclu. "Si nous ne pouvons pas sortir, personne ne voudra entrer."

Il but quelques gorgées modérées de vin fort, une bouchée de pain et de riz et inclina sa chaise contre le mur. La pièce était chaude et étroite, et il s'endormit bientôt dans une sieste. Delabar ne dormait pas.

Gray, par habitude, somnolait légèrement. Il était conscient des bruits qui se passaient dans la rue. Plusieurs fois, il se réveilla, pour ensuite retomber, constatant que tout était comme il se doit. Une ou deux fois , il entendit Delabar se diriger vers la porte et regarder dehors pour voir si le prêtre était toujours à son poste. De toute évidence , c'était le cas, car le Syrien maintenait son silence maussade.

À mesure que le temps passait, Gray crut entendre Delabar rire. Il s'est assuré qu'il avait dû se tromper. Pourtant l'écho du rire persistait, dur et amer. Delabar a dû rire.

L'officier se demanda, somnolent, quelle avait été la cause de l'hilarité de l'autre et se redressa d'un coup. Il attrapa la main qui se glissait sous son manteau et se retrouva face au visage rouge de Delabar, à un mètre du sien. Le scientifique recula en riant. Il n'y avait aucun doute sur le rire cette fois.

Gray fouilla dans la poche de son manteau et s'assura que les cartes étaient toujours là.

" Alors vous avez perdu votre sang-froid, hein, Professeur ? " dit-il, sans méchanceté, et il s'interrompit avec un regard fixe. "Qu'est-ce que diable——?"

Delabar s'éloigna de lui en chancelant et tomba sur le lit, bercé de joie. Il se prit la tête dans les mains et éclata d'un rire que Gray avait déjà entendu. Puis il s'allongea de tout son long, agitant bêtement les mains.

Gray jura doucement. Il remarqua les bouteilles de vin sur la table et les rattrapa. Il s'assura sombrement que l'un était vide et l'autre presque. Lui-même n'avait bu qu'une gorgée d'alcool.

Delabar avait bu environ deux litres de vin fort. Et Gray savait que l'homme n'y était pas habitué.

Le scientifique était ivre, aveuglément, désespérément ivre.

La pièce était sombre. Une bougie, probablement allumée par Delabar par caprice, pendait sur le sol. À l'extérieur de la pièce, l'auberge était très calme.

Gray regrettait que son sommeil ait permis à Delabar de boire l'alcool. Mais le mal était fait. Son compagnon était impuissant lorsqu'il était enfant.

Il a regardé sa montre. Il était huit heures passées. D'aussi loin qu'il se souvienne, les débats au temple avaient commencé vers dix heures. Il ne leur restait pas vraiment deux heures de silence.

Delabar se redressa et le regarda avec la sagesse d'un hibou.

"Bois, mon ami," marmonna-t-il, "tu es un homme fort, et il te sera difficile de mourir si tu n'es pas ivre. Tu as été idiot de venir ici. Tu es un enfant devant l'ancienne sagesse de la Chine. . Les secrets des Mongols existaient avant que votre Dieu ait des yeux pour voir la terre. Pourquoi les avez-vous fouillé ?

Un rire suivit et Delabar tenta vainement de saisir l'une des bouteilles.

"Tu penses que j'ai peur de Wu Fang Chien ?" continua le marmonnement. "Non, je n'ai pas peur de lui. Il n'est qu'un serviteur de l'esclave de Bouddha, qui est le Destin. Nous ne pouvons pas aller là où le Destin nous l'interdit, nous l'interdit."

Gray l'observa en fronçant les sourcils.

"Regarde par la porte", rigola Delabar. "Ecoute, j'ai franchi la porte, mon ami. Et j'ai vu..."

N'attendant plus, Gray se dirigea vers la porte et l'ouvrit. A ses pieds gisait le prêtre. Les yeux bridés le fixaient. Le couteau était planté dans la gorge de l'homme et un cercle sombre s'était formé sur le sol derrière sa tête.

CHAPITRE VIII

FEUILLES DE DELABAR

Gray se baissa et palpa le visage du mort. Il faisait encore assez chaud. Le prêtre ne pouvait pas s'être suicidé il y a plus de quelques minutes. Probablement Delabar, dans son errance ivre, avait mis le pied sur le seuil.

En serrant les lèvres, Gray se redressa et inspecta l'auberge. C'était vide et sombre, à l'exception d'une lanterne à abat-jour cramoisi suspendue au-dessus de la porte. Soit les gens de l'endroit avaient vu le bouddhiste mort et s'étaient enfuis pour répandre la nouvelle, soit ils avaient laissé la pièce à l'écart depuis cet après-midi.

Il ne pouvait pas savoir ce qui était réellement le cas. Gray, cependant, pouvait se permettre de ne pas perdre de temps en spéculation. Il retourna dans leur chambre, attacha son fusil sur son épaule par sa bretelle et remit Delabar sur pied.

"Il est temps que nous partions d'ici, professeur," dit-il, "si vous n'avez pas réglé notre hasch pour de bon."

L'homme marmonnait et trébuchait, à peine capable de garder ses pieds. Il ne pouvait apporter aucune aide à Gray.

Ils traversèrent sans encombre la pièce principale de l'auberge, et quittèrent le bâtiment par l'arrière. La cour de l'écurie était sombre et apparemment vide. La lampe de poche de Gray ne révéla qu'un âne à l'air doux, grignotant les feuilles d'un platane.

"Je suppose que cet endroit n'est pas vraiment populaire en ce moment", pensa Gray.

A côté de l'écurie, cachés par les tas de fumier, il trouva ses chariots et ses mulets, attelés comme il l'avait ordonné. Un coup d'œil et un scintillement de sa lumière lui montrèrent que les surplus de provisions étaient chargés. Il poussa Delabar dans l'écurie et siffla doucement.

Un coolie sortit d'un tas de paille sale sous le mur contre lequel plusieurs mules patiemment se tenaient.

"Où sont les autres?" » demanda sèchement Gray.

Les autres hommes, dit le coolie, étaient partis.

"Pourquoi les mules fraîches ne sont-elles pas chargées, comme je l'ai ordonné ?"

L'homme se prosterna . "J'avais peur. C'est un endroit maléfique. Les prêtres disent que la marque noire de mauvais augure est descendue du ciel——"

"Cinq *taels* ," interrompit sèchement l'homme blanc, "si vous m'aidez à charger les mules. Les prêtres vous tueront s'ils vous trouvent ici. Si vous venez avec moi, vous vivrez. Choisissez."

D'un certain quartier de la ville retentissait le bruit sourd des gongs des temples. Le coolie gémit de peur et se précipita vers les mules.

Ce n'est pas une tâche facile d'attacher les sacs sur quatre mules dans l'obscurité. Gray laissa Delabar, qui s'était endormi au contact de l'air frais extérieur, s'effondrer sur le sol en terre battue de l'écurie. Il ajusta sa lampe de poche dans la paille pour que son faisceau les aide à voir ce qu'ils faisaient.

Il découvrit, comme il s'y attendait, que les autres coolies avaient fait disparaître de nombreux magasins. Ils avaient cependant emporté les choses qui avaient le plus de valeur pour eux et qui étaient les moins nécessaires à Gray, comme les vêtements, les ustensiles de cuisine et les lourdes caisses remplies d'argent chinois.

Ces dernières furent une perte grave, mais Gray avait beaucoup d'or dans sa ceinture, et il savait que Delabar en avait autant.

Les deux hommes ont chargé les caisses restantes sur les animaux, les provisions que Delabar avait achetées à San Francisco, avec des médicaments et plusieurs couvertures qui avaient échappé aux voleurs.

Cela fait, Gray quitta l'écurie pour inspecter le terrain. La cour de l'auberge était toujours calme. Même la rue de l'autre côté était tranquille. Se retournant, il aida le coolie à placer Delabar à califourchon sur une mule et attacha fermement les pieds du scientifique sous le ventre de l'animal. Jetant une couverture sur lui, Gray donna le mot de commencer.

Le Chinois passa devant le premier animal, car Gray ne voulait pas lui faire confiance hors de vue. Il suivit le mulet qui portait Delabar, lui donnant des indications sur leur marche.

"Le chariot chargé à l'auberge sera un véritable casse-tête pour l'équipe de recherche du temple", pensa-t-il. "Nous n'avons jamais pu nous libérer de Liangchowfu avec les charrettes. J'espère que mon ami Mirai Khan avait raison lorsqu'il a dit qu'il y avait un trou dans le mur de la ville derrière le temple."

C'était une mince chance : se frayer un chemin à travers les ruelles dans l'obscurité. Mais, comme le raisonnait Gray, c'était la seule chose à faire. Et deux choses jouaient en leur faveur. L'auberge était sans aucun doute surveillée, de face comme de derrière. Les espions des prêtres verraient les mules partir et décideraient probablement que les coolies s'enfuyaient avec elles, d'autant plus que les chariots étaient toujours dans la cour de l'écurie.

Aussi, l'attention de la population de Liangchowfu – ou de la partie la plus dangereuse d'elle – serait centrée sur le temple et la divination qui s'y déroule.

Gray avait raisonné correctement. En suivant les chemins odorants et boueux que lui et Delabar avaient explorés auparavant, il parvint à atteindre le mur sans attirer l'attention.

Ici, les lumières étaient moins nombreuses et les arbres les abritaient. Le coolie, qui avait très peur, ne pouvait donner à Gray aucune information sur l'emplacement de la brèche dans les murs de la ville. Il était évidemment inutile de tenter une course vers les portes de la ville qui seraient gardées.

Gray avançait régulièrement au trot lent, scrutant la majeure partie du mur à la recherche de signes d'ouverture. Ils étaient maintenant bien derrière le temple, de l'autre côté du jardin où ils étaient entrés la nuit précédente. Jusqu'à présent, ils avaient eu beaucoup de chance, mais le cœur de Gray se serra lorsqu'il aperçut des bâtiments devant eux – un groupe de huttes au toit de chaume, visiblement situées dans le quartier le plus pauvre de la ville. Aucune brèche n'était visible dans la barrière de pierre.

"Continuez," murmura-t-il au coolie, "et n'oubliez pas que si nous sommes découverts, vous serez surpris en train de m'aider à m'échapper."

L'homme se mit à trotter plus vite, avec un regard effrayé par-dessus son épaule. Le son des gongs du temple était plus fort, gonflé de colère par le vent. Des voix venaient des huttes en face, et Gray crut entendre des cris dans la rue qu'ils avaient quittée.

Il jura doucement. Si seulement ils pouvaient trouver la sortie qu'il cherchait ! Une fois dans la plaine au-delà de Liangchowfu , leurs chances de s'échapper seraient bonnes. Si seulement Delabar était resté sobre…

Il se retourna avec alerte au bruit des sabots des chevaux. Dans la faible lumière, un homme à cheval apparut à côté de lui.

"C'était très bien fait, Excellence", murmura une voix en chinois rauque. "Je sais, car j'ai observé depuis les tas de fumier près de l'écurie de l'auberge. J'ai attrapé l'un des hommes qui ont fui et j'ai pris l'argent qu'il transportait."

"Mirai Khan", murmura Gray.

"Oui", reconnut le Kirghiz avec complaisance. " J'ai juré que tu me reverrais, et c'est arrivé. J'ai entendu parler dans la ville. Je savais que les prêtres, puissent-ils avaler leur propre feu, te cherchaient. Alors j'ai attendu, j'ai pensé que tu ne serait pas facilement pris au piège. Voici, c'est arrivé ainsi. En vérité, ma pensée était une vraie pensée. Suivez où je mène.

Il poussa son poney devant les mules, faisant signe à Gray de se diriger vers le côté de la petite caravane, à l'écart des huttes. Des visages sombres les regardaient depuis les ouvertures des fenêtres. Mais l'homme blanc se trouvait dans l'ombre du mur, et Mirai Khan semblait une figure trop familière dans ce quartier de Liangchowfu pour susciter des commentaires. Il est probable que les mulets remplissaient le rôle du voleur de chevaux, se retirant dans la plaine avec un chargement de butin mal acquis.

Ils traversèrent les huttes en silence, le coolie trop effrayé pour parler. Delabar marmonnait sous la couverture, mais la silhouette fanfaronne du Kirghiz, son fusil sur le bras, semblait les garantir contre une enquête. Pourtant, Gray poussa un serment de gratitude alors qu'ils plongeaient dans un ravin à travers lequel coulait un ruisseau.

Mirai Khan s'avança, apparemment dans le mur. Mais ici, la pierre émiettée s'est divisée, une ouverture assez large pour permettre le passage d'un animal de somme avec son fardeau, marchant dans le lit du ruisseau.

Une fois hors du mur, le son du gong du temple diminua et cessa complètement. Ils avancèrent au trot rapide, jusqu'à ce que, regardant derrière eux, Gray s'aperçoive que les lumières de Liangchowfu avaient disparu. D'après les étoiles , il devina que Mirai Khan les conduisait vers le nord-ouest.

Lorsque le ciel pâlit derrière eux et que le vent de l'aube frappa leurs visages, Gray comprit qu'ils se trouvaient dans un nid de collines. Aucune maison n'était visible. C'était un terrain vague, avec seulement quelques cèdres rabougris accrochés au flanc d'un talus d'argile. Ils avaient parcouru plus d'une douzaine de kilomètres entre eux et Liangchowfu .

Il faisait maintenant assez clair pour discerner les visages de ses compagnons, et Gray arrêta la cavalcade.

"Nous allons laisser les mules respirer un peu", informa-t-il le Kirghiz qui lui lança un regard interrogateur. "Je vais parler avec mon ami."

Il conduisit l'animal que le scientifique chevauchait de quelques pas sur le côté et jeta la couverture qui enveloppait Delabar. L'homme s'était réveillé, à moitié bleu de froid et avec une circulation retardée en raison de sa position exiguë et de l'effet de l'alcool. Il regarda Gray avec des yeux brouillés, dégrisé par l'exposition de la nuit précédente.

L'officier dégrafa la corde qui retenait les jambes de Delabar, puis s'assit sur une pierre et alluma sa pipe.

"Professeur," dit-il d'un ton méditatif, "vous ne le savez pas, mais j'ai réfléchi à certaines choses ces dernières heures. Et j'ai pris une décision. Je vais vous dire ce que j'ai pensé. , parce que je veux que vous compreniez pourquoi je fais ça.

Delabar restait silencieux et le regardait avec curiosité.

" De retour sur le bateau à vapeur, " reprit Gray, " vous m'avez montré que vous aviez des nerfs – un bon nombre. Eh bien, beaucoup d'hommes en ont. Dans ces circonstances, je ne peux pas dire que je vous en veux. Mais à Honanfu, vos nerfs J'ai eu une violente secousse. Là-bas (il secoua la tête en direction de Liangchowfu), vous avez eu une grave frayeur. Vous êtes tous dedans maintenant.

"J'ai faim", se plaint le scientifique. "Pourquoi m'as-tu attaché au mulet ?"

"Cette escarmouche avec Wu Fang Chien," continua l'officier, ignorant la question, "n'était qu'un bon échantillon de ce à quoi nous pourrions être confrontés dans le désert de Gobi. Cela m'a montré que vous n'êtes pas capable d'aller de l'avant. le voyage. Vous seriez aussi malade de corps que vous l'êtes maintenant d'esprit.

"Je ne suis pas un cheval", a lancé Delabar. "Les prêtres bouddhistes——"

"Précisément, les prêtres bouddhistes. Ils vous ont fait peur. Très mal. Laissez-moi vous en dire un peu plus sur ce que j'ai réfléchi. Intentionnellement ou non, vous avez fait tout ce que vous pouviez à Liangchowfu pour me gêner. Seule la chance et Mirai Khan ont eu " _ _

"C'est la Chine, un autre monde", rétorqua l'homme d'un air maussade.

"Chine ou pas, c'est mon devoir d'aller dans le désert de Gobi et de trouver le Wusun si je peux. Je l'ai promis à Van Schaick et j'ai rédigé un contrat que j'ai signé. J'y vais. Vous, professeur, vous rentrez vers la côte et vers les États-Unis. Vous pouvez signaler nos progrès à Van Schaick.

Un mélange de soulagement et d'inquiétude se lisait sur le visage vif du Syrien.

"Vous pouvez vous plaindre que je vous ai renvoyé, si vous le souhaitez. J'en répondrai à Van Schaick." Gray leva la main tandis que l'autre essayait de parler. " Tout ira bien. J'ai interrogé Mirai Khan. Le coolie peut vous guider vers le nord de Liangchowfu , où vous rencontrerez des missionnaires. Wu Fang Chien nous cherchera à l'ouest, pas à l'est. Vous prendrez l'argent que vous avez sur vous et deux mules avec la moitié des provisions. Promettez au coolie assez d'or et il restera à vos côtés, car il sera plus en sécurité en revenant qu'en avant. Des questions ?"

Ce fut un long discours à prononcer pour Gray. Delabar l'étudiait et frissonnait sous la brise froide qui balayait la plaine. Les difficultés font ressortir la force et la faiblesse des hommes. Dans son cas, c'était une faiblesse. Pourtant, il semblait curieusement alarmé à l'idée de quitter Gray. Il y a douze heures , il avait supplié son compagnon de renoncer à l'aventure dans le Gobi.

"Pourquoi fais-tu ça?" Il a demandé.

"Pour deux raisons. Je ne veux pas avoir un homme malade sur les bras. Et... tu as essayé de détruire les cartes. Il y a une autre raison..." Gray hésita et s'interrompit. "Je ne prétends pas être votre juge. Chaque homme suit sa propre voie dans la vie. Mais la vôtre et la mienne ne s'accordent plus. C'est au revoir, professeur."

Il se releva en faisant tomber les cendres de sa pipe. Delabar poussa une exclamation d'alarme.
"Et si les hommes de Wu Fang Chien me trouvent ?"
"Tu seras plus en sécurité qu'ici avec moi."
Delabar regarda fixement son compagnon et son regard changea. "Je ne peux pas rentrer. Je dois t'accompagner."
"Je vous ai dit au revoir. Votre coolie sait ce qu'il a à faire. Choisissez vos deux mules."
"Non, j'irai mieux maintenant——"
Gray sourit légèrement.
"J'en doute. Je t'ai observé. Plus près que tu ne le pensais. Quelles mules veux-tu ?"
Delabar rougit et tourna le dos à son animal vers le groupe qui attendait. Il marmonnait pour lui-même, avec incertitude. Gray marchait à côté de lui. Une fois, il a parlé. "Le bouddhisme, professeur, est une mauvaise chose à laquelle penser. Comme l'a dit Wu Fang Chien, il est mauvais d'entrer dans un territoire interdit. Eh bien, bonne chance, Delabar. Il vaut mieux se séparer maintenant que plus tard..."
Mais Delabar est devenu inaudible. Il ne regarda plus Gray, qui restait à discuter avec les Kirghizes. Plus tard, Gray regretta de ne pas avoir observé Delabar.

Le Syrien ne perdit pas de temps, sélectionna deux animaux et fit aussitôt demi-tour. Mirai Khan suivit la cavalcade, les sourcils froncés, tandis qu'ils disparaissaient au milieu des collines. Gray agita la main une fois lorsqu'il crut que Delabar se retournait. Mais l'homme ne se retourna pas, se penchant en avant sur sa bête, la tête entre les épaules.

"C'est dommage", dit Mirai Khan en caressant pensivement sa barbe grise, "de perdre les deux mules et tant d'argent. Cependant, ce qui sera sera. Viens, je connais un davan à proximité où nous pourrons nous reposer jusqu'à ce que nous sommes prêts à avancer, la nuit.

Il conduisit Gray le long d'une piste de moutons pendant quelques kilomètres jusqu'à un ravin profondément enfoncé dans les collines. Ici il y avait un bosquet de cèdres et une petite source. Pendant que Gray allumait un feu, Mirai Khan, agissant selon les instructions de l'homme blanc, déchargea les deux mules restantes.

"Nous avons peu de nourriture, Excellence", observa-t-il d'un ton suggestif.

"Ouvrez une des boîtes", dit Gray.

Mirai Khan apparut alors près du feu, portant un objet lourd.

« De quel genre de nourriture s'agit-il ? » » demanda-t-il avec mépris. "J'ai goûté et la saveur est un mélange de sel et de vin aigre."

Gray regarda l'objet avec surprise. C'était l'une des boîtes, dont le couvercle avait été retiré. Il était rempli d'une série de longues bouteilles. L'un d'eux avait été débouché et dégageait une odeur âcre. Gray l'a ramassé.

C'était une bouteille d'une très bonne sorte de vinaigre.

En toute hâte, Gray se dirigea vers les autres cartons et les ouvrit, après avoir constaté que les fermetures et le sceau étaient intacts. Ils étaient tous remplis de vinaigre.

Gray émit un léger sifflement de perplexité. Il s'agissait des cartons censés contenir leurs rations d'urgence, que Delabar avait achetées à San Francisco. Le nom du Syrien était écrit dessus.

Il se demanda brièvement si Wu Fang Chien avait trafiqué leurs bagages. Mais les cartons n'avaient visiblement pas été ouverts depuis leur emballage. De plus, le vinaigre était de fabrication américaine et portait le nom d'une entreprise de San Francisco.

Y a-t-il eu une erreur lors de l'expédition de la commande ? Ça pourrait être. Pourtant, Delabar aurait dû vérifier l'envoi. Non, le Syrien devait savoir ce qu'il y avait dans les cartons. Il avait choisi les deux autres mules, sachant que ces quelques boîtes ne valaient rien.

"J'aurais dû les regarder avant de laisser partir Delabar", pensa Gray. "Il est trop loin maintenant pour le suivre. Maintenant pourquoi———"

C'était la question : pourquoi ? Delabar, dès le début, avait mis tous les obstacles à l'expédition. Même en achetant de fausses fournitures.

Delabar n'avait pas voulu que Gray réussisse. Il avait utilisé tous les moyens pour éloigner les Américains du désert de Gobi. Il avait essayé d'inculquer à Gray le poison de sa propre peur. Il avait tenté de saisir les cartes indiquant l'emplacement de Sungan , qui étaient d'une importance vitale.

Delabar avait été l'ennemi de Gray. Pourquoi?

Gray en avait deviné une grande partie lorsqu'il ordonna à l'autre de retourner sur la côte. Mais il ne connaissait pas la réponse à ce « pourquoi ? Il y réfléchit beaucoup les jours suivants et tira un peu de lumière de son raisonnement.

Il lui fallut longtemps avant de connaître la réponse à la question « pourquoi ? » Cela n'est arrivé que lorsqu'il a gagné le désert et vu le *Liu Sha* . Pas avant d'avoir rencontré Mary Hastings et vu les gardes de Sungan . Pas avant d'avoir appris l'explication de beaucoup de choses qu'il imaginait encore vaguement.

CHAPITRE IX

LE *LIU SHA*

Mirai Khan était d'accord avec Gray sur le fait qu'il serait inutile de rester où ils étaient jusqu'à la nuit tombée. Ils n'avaient pas de nourriture. Malgré le risque d'être découverts, ils doivent aller de l'avant.

" Si nous dormons, " acquiesça le chasseur, " nous nous réveillerons le ventre vide et nos forces seront moindres qu'aujourd'hui. Le temps viendra où nous aurons besoin de viande ; et il n'y en a pas ici. À l'ouest, nous pourrions apercevoir un village ou tirer sur une gazelle.

Sans plus tarder, ils dételèrent les mules, emballant le petit reste de l'équipement de Gray – une tente et son équipement personnel – sur un seul animal. L'Américain monta sur l'autre, non sans protester de la part de la bête, qui flairait l'eau et le fourrage.

Avec Mirai Khan à la tête de son poney hirsute, ils se dirigèrent vers l'ouest hors des collines jusqu'à la plaine. Ils se trouvaient désormais dans la plaine mongole, un plateau aride de collines brunes et de vallées pierreuses. Aucune cabane n'était visible.

Ils avaient laissé derrière eux une Chine foisonnante et pénétraient aux confins de l'Asie centrale et du désert de Gobi. Un vent constant soufflait dans leur dos. Le ciel bleu au-dessus était sans nuages.

Gray avait laissé derrière lui les boîtes de vinaigre inutiles. Et tandis qu'il avançait, il réfléchissait à l'énigme d'Arminius Delabar. C'était une énigme. Van Schaick et Balch n'avaient guère parlé de cet homme, car ils étaient pressés de faire démarrer Gray en voyage. Il se souvenait qu'on disait que Delabar était un Syrien ou un Persan de naissance, un voyageur invétéré qui avait parcouru la plupart des coins de la terre et, le seul homme en Amérique qui pouvait parler chinois, turc, persan et russe, les quatre langues un dont la connaissance pourrait être nécessaire lors de leur expédition, et qui comprenait parfaitement l'anthropologie et l'histoire de l'Asie centrale.

Cela étant, Gray avait pris beaucoup de mal en renvoyant Delabar. Mais il avait bien fait. Les boîtes de vinaigre l'ont prouvé.

Gray avait un esprit stable et logique qui prenait des décisions lentement, mais généralement avec précision. Il raisonna maintenant sur plusieurs choses.

Delabar, devina-t-il, n'était pas venu volontairement à l'expédition. Même sur le bateau à vapeur, il avait montré sa peur du Gobi. Pourquoi? Il devait savoir quelque chose sur le désert qu'il n'avait pas dit à Gray. Ca c'était quoi? Gray ne le savait pas.

Cela a conduit à une autre question. Pourquoi, si cet homme avait peur, était-il venu ? Il aurait peut-être refusé de démarrer. Au lieu de cela, il avait acheté exprès une cargaison de magasins sans valeur ; il avait travaillé sur l'esprit de Gray du mieux qu'il pouvait.

Gray soupçonnait que Delabar était venu parce qu'il voulait l'empêcher, lui – Gray – d'atteindre le Gobi. Mais Delabar aurait pu faire part de ses objections avant qu'ils ne quittent San Francisco. Pourquoi ne l'avait-il pas fait ?

Peut-être parce que, ainsi raisonnait Gray, Delabar avait pensé que s'il empêchait Gray de commencer la mission, Van Schaick et Balch engageraient un autre homme.

Gray vérifia jusqu'à présent l'étendue de son raisonnement. Il avait décidé que Delabar avait eu pour objectif d'empêcher non pas lui, mais tout Américain, d'entreprendre le voyage vers le Gobi. Et c'est pour cela que le Syrien était venu lui-même, même s'il avait peur.

Oui, Delabar avait certainement eu peur. De quoi? De Wu Fang Chien d'une part ; aussi les bouddhistes. Il avait été au bord de la dépression à l'auberge de Liangchowfu après leur expérience au temple.

Gray se souvient d'un certain nombre de choses qu'il avait passées sous silence à l'époque : le prétexte de Delabar pour acheter des fournitures à Shanghai. Le scientifique était absent depuis de nombreuses heures, mais n'avait rien acheté. Puis l'incident du steward chinois sur le bateau à vapeur du Yang- tsé . Quelque chose avait été jeté par-dessus bord et ramassé par une jonque qui passait. Est-ce que ce quelque chose constituait une information sur l'itinéraire de Gray ? C'était plus que possible.

Et l'attaque de Honanfu . Comment les Chinois savaient-ils que Gray gardait un fusil sous son lit – à moins que Delabar ne les en ait informés ? Delabar avait été effrayé par l'attaque. Peut-être parce que cela a échoué.

Enfin, à Liangchowfu , Delabar avait tenté de voler les cartes les plus importantes. À défaut, l'homme s'était littéralement effondré. Et – Gray siffla doucement – c'était peut-être Delabar qui avait donné l'information qui avait conduit au retard de McCann, dont Gray avait besoin, à Los Angeles. Personne d'autre, à l'exception de Van Schaick et Balch, ne savait que Gray avait fait venir McCann.

Il était raisonnablement clair que Delabar avait cherché à faire reculer Gray. Lorsque l'Américain lui avait ordonné de revenir, l'homme avait protesté. De toute évidence, il redoutait cela. Pourtant, il était plus en sécurité qu'ici avec Gray. Delabar avait déclaré, dans un instant d'inattention, qu'il craignait d'être rattrapé par Wu Fang Chien. Pourquoi?

Quelle était la relation de Delabar avec Wu Fang Chien ? Ivre, il avait dit que le mandarin n'était qu'un esclave d'un maître inconnu. Qui était le maître ? De toute évidence, un homme possédant un grand pouvoir en Asie centrale – voire pas du tout.

C'était ce que craignait Delabar, le maître de Wu Fang Chien. Delabar était-il aussi un esclave ? Gray rit. Son raisonnement dépassait les frontières de la logique. Mais il était convaincu que son défunt compagnon servait non pas Van Schaick mais un autre ; qu'il craignait cet autre ; et que sa peur avait augmenté au lieu de diminuer lorsque Gray lui avait ordonné de revenir.

Gray leva les yeux tandis que Mirai Khan se retournait, avec un sifflement d'avertissement. Le Kirghiz avait maîtrisé sa monture et Gray faisait de même.

Une courte montée se trouvait devant eux. Le chasseur avait visiblement vu quelque chose qui l'excitait.

"Regarder!" grogna-t-il. "Prenez les fenêtres à longue vue et regardez."

Il fallut un moment de perplexité avant que l'Américain se rende compte que son compagnon faisait référence aux jumelles qu'il portait en bandoulière. Il descendit de cheval et se glissa avec Mirai Khan jusqu'au sommet de la colline. A travers les lunettes, il distingua, selon les indications du chasseur, une paire de gazelles qui se déplaçaient lentement à travers la plaine à quelque distance de là.

Immédiatement, Mirai Khan devint une merveille d'activité. Il attacha les bêtes à un tamaris rabougri, chargea son long mousquet, se coupa un bâton en forme d'entrejambe et se dirigea vers un côté de la piste, faisant signe à l'Américain de le suivre.

Les gazelles s'étaient nourries à travers le sentier, et Mirai Khan trottait régulièrement sous le vent, restant derrière des buttes abritant. C'était une longue course.

De temps en temps, Mirai Khan s'arrêtait et observait les animaux. Puis il s'avança. Gray n'était pas facilement fatigué ; mais il était depuis longtemps sans nourriture et il trébuchait en courant après le robuste Kirghiz qui était enflammé par l'esprit de chasse.

"Allah nous a donné de la viande pour notre marmite cette nuit", murmura-t-il à Gray, "si nous sommes intelligents et que les animaux n'ont pas vent de nous."

Gray comprit l'importance de leur quête. Leurs ombres s'allongeaient rapidement sur le sable, et le soleil, tel un brasier rouge, se posait sur l'horizon devant eux. S'ils n'avaient pas capturé une gazelle, ils n'auraient pas eu de nourriture cette nuit-là, et les deux hommes étaient affaiblis par la faim.

Mirai Khan traquait sa proie avec l'habileté d'une longue expérience, poussant patiemment jusqu'à ce que le vent souffle des gazelles vers elles. Mais la nuit tombe vite au bord du Gobi. Le ciel était passé du bleu au violet lorsque Mirai Khan se jeta dans le sable et commença à ramper jusqu'au sommet d'une colline, poussant son bâton entrejambe devant lui.

Gray distingua ensuite les gazelles qui se nourrissaient à quelques cent cinquante mètres devant elles. Les corps brun clair et blancs étaient à peine visibles sur la plaine brune, mais Mirai Khan arrangea son bâton et posa soigneusement le mousquet dessus.

Gray, étendu à côté de lui, se hasarda à deviner la distance. Le chasseur le toucha en guise d'avertissement.

"Laissez-moi tenter votre chance, Excellence", murmura-t-il. "Si je ne peux pas tuer, même à cette distance, aucun autre homme ne le peut."

Il dit une brève prière et aperçut, saisissant sa longue arme d'une main ferme. Il avait enlevé sa casquette en peau de mouton et ses cheveux blancs et ses sourcils broussailleux lui donnaient l'apparence d'un oiseau de proie aux yeux perçants.

Gray attendait, observant les gazelles. Alors que Mirai Khan avait revendiqué le premier coup, Gray lui fit plaisir, mais en même temps jeta une cartouche dans la chambre de sa propre arme.

Les gazelles avaient aperçu ou senti quelque chose d'alarmant, car elles accélérèrent le pas pour s'éloigner des chasseurs. Mirai Khan tira et jura sombrement. Les deux animaux étaient indemnes et s'étaient mis à courir rapidement, glissant dans le crépuscule.

Gray avait jeté son dévolu sur le jeu, et lorsque le Kirghiz rata le tir difficile, l'Américain appuya sur la gâchette.

Un jet de poussière de l'autre côté des animaux en fuite lui apprit que son élévation était erronée. Calmement, il releva sa hausse et tira de nouveau, tandis que les gazelles apparaissaient dans l'œil du soleil sur une butte.

L'animal qu'il visait trébucha et tomba à terre. Cela avait été un tir difficile à trois cents mètres sous une mauvaise lumière, mais Gray était un tireur expert et connaissait son arme.

Un cri sauvage retentit de Mirai Khan. Il se jeta aux pieds de Gray et embrassa ses chaussures.

"Un miracle, Excellence !" il bavardait joyeusement. "C'était un coup parmi mille. Oui, j'en parlerai aux chasseurs du désert, mais ils ne le croiront pas. Vraiment, je n'ai pas vu de pareil. Par la barbe de mes pères, je le jure ! Je l'ai fait. eh bien, quand je t'ai suivi depuis Liangchowfu ———"

Toujours en bavardant son exultation, il se précipita vers l'animal tué et sortit son couteau.

À la tombée de la nuit, les deux hommes avaient campé dans un ravin près des animaux attachés. Mirai Khan avait creusé un puits, sachant qu'on pouvait trouver de l'eau de cette manière, et, sur un feu vif de racines de tamaris, elle cuisait un steak de gazelle.

Gray étendit une couverture sur le sable près du feu, observant le scintillement des flammes. Le ravin les cachait à l'observation. Il était désormais raisonnablement sûr qu'ils avaient échappé à tout groupe de poursuite que Wu Fang Chien aurait envoyé de Liangchowfu – si tant est qu'il y en ait un.

Mirai Khan a mangé énormément de steak. Lorsque la faim des deux fut satisfaite et que la pipe de l'homme blanc fut allumée, il se tourna pensivement vers le Kirghiz.

Sungan ," demanda-t-il ?

Mirai Khan, selon Gray, était un mahométan, un fataliste, un voleur de chevaux habile et un habitant des rives du Gobi, où la vie était glanée dans les difficultés. C'était un homme des *yourtes* , ou tentes, un nomade qui s'étendait des mosquées de Boukhara jusqu'aux confins de la Chine. Quelque part, peut-être, Mirai Khan avait un *aul* avec un troupeau de moutons, un chien et même une femme et des enfants.

Le Kirghiz le regarda attentivement et secoua la tête.

"J'ai entendu le nom", a-t-il répondu. "C'est mon père qui l'a parlé. Mais je n'ai jamais vu Sungan ."

« C'est une ville située à une semaine d' Ansichow , insista Gray, dans le désert de Gobi.

"C'est dans le sable", réfléchit Mirai Khan. "On n'y trouve aucun gibier, Excellence. Pourquoi un homme devrait-il aller dans un tel endroit ?"

"Es-tu allé là-bas?"

"Est-ce qu'un cheval va dans les sables mouvants ?"

"Avez-vous connu d'autres personnes qui y sont allées?"

"Oui, c'est peut-être le cas."

« Qu'avaient-ils à dire du désert ?

"C'est un endroit maléfique."

Le Kirghiz hocha la tête, endormi. Ayant beaucoup mangé, il était prêt à prendre sa couverture.

"Pourquoi l'ont-ils appelé un endroit maléfique ?"

"Comment pourrais-je savoir... qui n'y est pas allé ?" Mirai Khan bâilla et étira ses bras et ses jambes trapus, comme un chien s'étire. "C'est à cause du mal pâle, dit-on."

Gray leva rapidement les yeux après avoir inspecté l'incendie. Il avait déjà entendu cette phrase. Delabar l'avait utilisé.

"Qu'est-ce que cette pâle maladie ?" » demanda-t-il patiemment. Mirai Khan cessa de bâiller.

"Dans les sables, dans le *Liu Sha* , pend la pâle maladie. Elle est dans l'air. C'est une maladie maléfique. Elle laisse sa marque sur ceux qui s'approchent trop . J'ai entendu parler d'hommes qui sont allés trop loin dans le *Liu Sha* et je ne suis pas revenu.

"Pourquoi?"

"C'est interdit."

"Par les prêtres du prophète ?"

"Non. Pourquoi devraient-ils s'occuper d'une chose mauvaise ? N'est-ce pas la loi du Coran qu'un homme ne peut pas toucher ce qui est impur ? Les prêtres-rats de Chine, qui adorent le dieu de bronze, nous ont mis en garde depuis la région. J'ai entendu les marchands caravaniers dire que les hommes sont amenés de Chine et placés dans les sables, les *liu sha* .

Gray fronça les sourcils. Mirai Khan a parlé franchement et sans intention de le tromper. Mais il parlait à la manière de son espèce : en paraboles.

"Trois fois, Mirai Khan," dit-il, "tu as dit *Liu Sha* . Qu'est-ce que ça veut dire ?"

Le Kirghiz souleva du sable dans sa main cicatrisée et le tamisa entre ses doigts jusqu'au sol.

"Ça y est", a-t-il expliqué. "Nous l'appelons dans ma langue le *kara kum* - sables sombres. Pourtant les *liu sha* ne sont pas le sable que l'on trouve ailleurs. Ce sont les sables en marche."

Gray sourit. Il progressait, dans sa recherche d'informations, d'une énigme à l'autre.

"Vous voulez dire la poussière qui se déplace avec le vent", hasarda-t-il.

Mirai Khan a fait un déni décisif et guttural. "Ce n'est pas le cas. C'est la volonté d'Allah qui déplace les sables. Autrefois, il y avait une ville qui péchait——"

"Et un saint mollah." Gray se souvint de la légende que Delabar avait racontée sur le bateau à vapeur. " Lui seul a échappé à la poussière tombée du ciel. C'était il y a longtemps. Alors voilà ton *Liu Sha* ! "

Les yeux bridés du chasseur s'écarquillèrent d'étonnement. "Par la barbe de mon père ! Êtes-vous un lecteur du Coran pour savoir des choses pareilles ? Oui, c'est vrai. Le *Liu Sha* est venu à cause d'un péché, et c'est sans doute pour cela que l'endroit est encore habité de une peste. Les prêtres chinois y amènent des hommes, des hommes qui sont déjà dans l'ombre de la mort.

"Alors, Mirai Khan, il doit y avoir une ville ou un campement, si beaucoup d'hommes y vivent."

"Je ne l'ai pas vu. Ceux qui m'ont parlé non plus."

"Mais tu n'y es pas allé ?"

"Comment devrais-je le faire, étant donné que l'endroit est habité par un péché ? Aucun mahométan n'y ira."

« De quel genre de maladie s'agit-il : la pâle peste ?

"Je ne sais pas. Mais sur de nombreux kilomètres, oui, l'espace d'une semaine de chevauchée, aucun homme n'apportera sa *yourte* par peur."

Gray y renonça en haussant les épaules. Le Kirghiz racontait des énigmes, des souvenirs tordus de légendes et des contes sans doute exagérés. Pendant que Mirai Khan ronflait confortablement, l'Américain repensait à ce qu'il avait dit dans sa tête.

La nuit était devenue froide et il jeta le reste du bois sur le feu, enroulant sa couverture autour de ses pieds. Leur camp était complètement silencieux, à l'exception des crépitements occasionnels des flammes.

Mirai Khan avait déclaré positivement qu'il n'avait vu aucune ville du Gobi où Gray se rendait, et qu'il n'en avait jamais entendu parler. L'Américain savait que s'il existait des bâtiments dans l'immense plaine du Gobi , ils seraient visibles à des kilomètres à la ronde. Même si les camarades de Mirai

Khan s'étaient tenus à l'écart des lieux qu'ils jugeaient insalubres, ils auraient aperçu les bâtiments, à un moment ou à un autre.

Pourtant Brent avait déclaré avoir vu les sommets des tours. L'imagination, peut-être. Mais les missionnaires n'étaient généralement pas enclins aux fantaisies.

Il y avait là une contradiction. Puis il y avait les *Liu Sha*. Simple légende, sans doute. L'Asie centrale regorge d'histoires de grandeur passée.

Mais une chose était claire. Les prêtres chinois sont venus à cet endroit du désert. Et la légende de la peste pourrait être conçue pour éloigner les mahométans de l'endroit. Depuis la dernière rébellion, les mahométans et les chinois avaient fréquemment pris les armes les uns contre les autres ; ils n'avaient jamais été en bons termes. De toute évidence, les bouddhistes, pour une raison quelconque, se sont efforcés de garder cette partie du désert pour eux.

Ils l'ont même protégé contre toute intrusion, comme Brent l'avait découvert.

Et Brent était mort de maladie. Quelle était cette pâle maladie ? Les hommes qui en ont été victimes ont-ils été amenés au Gobi, l'étendue de terre la plus triste de la surface de la terre ?

Gray hocha la tête d'un air endormi. Les énigmes n'offraient aucune réponse. Il a décidé qu'il apprendrait la vérité par lui-même. Lassé de ses efforts, il s'endormit bientôt. Le silence tenait le camp, le silence maussade des grands espaces, le seuil de l'infini qui s'ouvre devant le vagabond dans le Gobi. Le vent remuait le sable en minuscules spirales qui sautaient et dansaient, comme des spectres de poussière à travers le ravin, poudrant les couvertures des hommes endormis et les rudes manteaux des mules.

Au sommet de la crête, une ombre traversait les étoiles. Il hésita sous le vent des braises du feu, et le chacal rampa. Le croissant de lune se déplaçait lentement au-dessus de nous, projetant une pénombre brumeuse sur la surface du sable et remarquant les os blanchis d'une antilope.

La nuit avait envahi la steppe mongole.

CHAPITRE X

LE MEM-SAHIB PARLE

C'est près d'une semaine plus tard, à la frontière du Gobi, que Gray et Mirai Khan aperçurent la caravane. La journée était pluvieuse. Dans un espace où la pluie s'amenuisait, les Kirghizes désignèrent un groupe de *yourtes* entourées de chameaux et de poneys à un kilomètre et demi de là.

Gray scruta le campement avec ses lunettes et constata que la caravane comptait un bon nombre d'hommes et que les *yourtes* étaient en train d'être installées pour la nuit. La pluie recommença et lui coupa la vue.

C'était alors la fin de l'après-midi. Les deux hommes étaient fatigués. Ils avaient avancé régulièrement depuis Liangchowfu , tuant ce dont ils avaient besoin en gibier et achetant occasionnellement du lait de chèvre ou des fruits secs à un berger au bord de la route. Les quelques villages qu'ils rencontrèrent, ils les évitèrent. Gray n'avait pas oublié Wu Fang Chien ni les craintes de Delabar.

"Ce sont *des yourtes kirghizes* ", a déclaré Mirai Khan lorsque l'Américain a décrit ce qu'il avait vu. "Et c'est une caravane en marche, sinon nous aurions vu des moutons. Beaucoup de tribus utilisent nos *yourtes* . Elles sont démontées et montées le temps qu'il faut à un homme pour fumer la pipe. Mais ces gens ne sont pas des Kirghizes. Mon Dieu les parents n'ont pas de richesse pour posséder autant de chameaux.

« À votre avis, que sont-ils ?

"Des marchands chinois, Excellence, ou peut-être des commerçants du Turkestan de Kashgar ."

Le respect de Mirai Khan pour son compagnon avait augmenté ces derniers jours. Le tir précis de Gray a inspiré son admiration et le courage de l'homme l'a surpris.

De son côté, Gray faisait confiance aux Kirghizes. Si Mirai Khan avait eu l'intention de le voler, il avait eu de nombreuses occasions de le faire. Mais le code kirghiz ne lui permettait pas de voler celui qui partageait son pain et son sel.

« S'ils sont Chinois, médita l'Américain, il ne serait pas sage de monter jusqu'à leur camp. Qu'en dites-vous, Mirai Khan ?

Le Kirghize tirait tranquillement sur sa pipe infecte.

" Ceci. C'est l'heure de la prière du coucher du soleil. Quand cela sera terminé, vous et moi descendrons de cheval, Excellence, et traquerons le camp. Par la faveur de Dieu , nous saurons alors si ces gens sont Chinois ou Turkomans. Si ce dernier, nous Je dormirai dans un *aul sec* , ce qui est bien, car mes os ne ressemblent pas à l'humidité.

Sur quoi Mirai Khan retira sa pipe et s'agenouilla dans le sable, face à l'ouest, où se trouvait la ville sainte de sa foi. Il était si pauvre qu'il ne possédait même pas de tapis de prière. Gray observa, après avoir attaché les trois animaux.

"Rappelez-vous", dit-il sévèrement lorsque Mirai Khan eut terminé la prière, "il ne doit y avoir aucun vol de bêtes dans le camp, quoi qu'il en soit."

Le faible des Kirghizes pour la chair de cheval lui était bien connu. Le chasseur accepta volontiers et ils partirent sous la pluie. Au moment où ils arrivèrent à mi-chemin de la caravane, le crépuscule soudain du Gobi les cacha.

Guidée par le hennissement occasionnel d'un cheval ou le hurlement rauque d'un chameau, Mirai Khan s'avança lentement, reniflant l'air comme un chien. Plusieurs lumières apparurent dans la brume et Gray prit les devants.

Il distinguait des silhouettes qui passaient par les entrées éclairées des abris en feutre en forme de dôme. S'écartant d'un côté, il gagna les chameaux qui reposaient en cercle, apparemment sans observateur.

Mirai Khan avait disparu dans l'obscurité et Gray avançait lentement parmi les chameaux, essayant d'apercevoir clairement les hommes de la caravane. Les rares qu'il vit étaient sans aucun doute des domestiques, mais leur tenue vestimentaire ne leur était pas familière.

Gray pouvait presque distinguer l'intérieur d'une des *yourtes* , éclairée par des bougies, avec des tentures en soie et une multitude de coussins au sol. Il se releva de toute sa hauteur pour mieux voir et s'arrêta lorsqu'il vit l'une des silhouettes regarder vers lui.

Les chameaux avançaient avec inquiétude. Gray aurait juré avoir entendu une exclamation étouffée près de lui. Il tourna la tête et une forme surgit du sol et l'agrippa.

Gray s'arracha à l'homme et frappa. Le nouveau venu se glissa sous son bras et le rattrapa par les genoux. D'autres formes surgirent parmi les chameaux et les bras maigres s'enroulèrent autour de l'Américain.

« Attention, Mirai Khan ! il a pleuré en chinois. "Ce sont des ennemis."

Un homme blanc puissant, capable de manier ses poings, est à la hauteur d'une demi-douzaine de Mongols, non armés, s'il a une position claire et peut voir où frapper. Gray était détenu par au moins quatre hommes

; son fusil, attaché à une épaule par une fronde, le gênait. Il fut immédiatement jeté sur terre.

Son visage était enfoncé dans le sable et ses bras repliés derrière son dos. Il entendait ses adversaires bavarder dans une langue étrange. Du métal froid toucha ses poignets. Il sentit le déclic d'un loquet métallique et réalisa que des menottes lui avaient été attachées.

Il se demandait vaguement comment les menottes étaient apparues dans une caravane d'Asie centrale, alors qu'on le relevait brutalement. Dans le noir, il ne pouvait pas distinguer les hommes qui le tenaient. Mais ils s'avancèrent vers l'une des tentes — celle-là même dans laquelle il avait essayé de voir.

Gray, forcément, ne fit plus de résistance. Il était entièrement occupé à cracher du sable de sa bouche et à essayer de le chasser de ses yeux.

C'est ainsi que lorsqu'il se tenait dans la *yourte éclairée* , il était presque aveugle à cause de la poussière et de l'éblouissement soudain. Il entendit des gutturales indigènes excitées, et puis…

"Eh bien, c'est un homme blanc."

C'était une voix de femme et elle parlait anglais. De plus la voix était claire, voire musicale. Cela reflétait une véritable surprise, une teinte de pitié — inspirée peut-être par son apparence endommagée — et une certaine perplexité.

"Oui, *chota missy* ", répéta un homme près de lui, "mais ça, dans le noir, nous ne le savions pas. Et il a crié dans une autre langue."

Gray réfléchit que son avertissement à Mirai Khan était inopportun. Ses yeux étaient encore brûlants à cause du sable. Il ne lui était pas possible d'utiliser ses mains pour les dégager, à cause des menottes qui lui liaient les poignets derrière le dos. Pour rien au monde, Gray n'aurait demandé de l'aide dans son sort.

Il cligna rapidement de l'œil et fut bientôt capable de voir clairement les autres dans la tente. Il présentait les hommes qui l'avaient amené ici comme étant des hommes minces et à la peau foncée . À leur tenue propre et à leurs petits turbans ornés drapés sur l'épaule droite, il devina qu'il s'agissait d'indigènes indiens, très probablement sikhs. Cela le surprit, car il s'était préparé à affronter des Dounganes ou des Turkomans.

Un poêle portatif dégageait une chaleur confortable, à côté d'une table démontable. Le revêtement de feutre rugueux de la *yourte* était dissimulé derrière des tentures de soie rayée. Gray le regarda fixement ; il ne s'attendait pas à trouver un tel intérieur dans l'abri nomade.

La table était recouverte d'un linge propre. Derrière elle était suspendu un rideau de toile, visiblement destiné à séparer un coin du reste de la tente, peut-être pour y dormir. Devant la cloison, derrière la table, se trouvait un confortable fauteuil à vapeur. Et sur la chaise, le regardant avec de grands yeux gris se trouvait une jeune femme.

Il n'avait pas vu de femme blanche depuis des mois. Mais son premier regard lui apprit que la jeune fille assise dans le fauteuil était plus que d'habitude jolie – qu'elle serait considérée comme telle même à Washington ou à Paris. Elle était soigneusement vêtue d'une jupe de marche beige clair et d'une taille blanche, un châle sur ses épaules fines.

Elle le considérait en silence, le menton en main, un léger froncement de sourcils plissant son front lisse. Les cheveux bronze étaient coiffés bas sur le cou, d'une manière que Gray aimait voir – de loin, car il était timide en présence des femmes.

Les yeux qui le regardaient étaient clairs et semblaient enclins à être amicaux. Tout à l'heure, ils étaient dubitatifs. Le petit nez relevé d'une bouche entrouverte sur des dents égales. Elle avait de profonds coups de soleil, même à la gorge et aux bras. Habituellement, les femmes prennent grand soin de protéger leur peau de l'exposition au soleil.

Il y avait une marque de fierté sur le visage brun et la tête dressée sur de jeunes et fortes épaules. Gray connaissait les chevaux. Et cette femme lui faisait penser à un pur-sang. Plus tard, il découvrira que son estimation de sa fierté était exacte ; pour le moment, il n'était guère d'humeur à faire d'autres déductions plus fortes concernant la jeune fille.

Il rougit, espérant que cela ne se voit pas sous le sable.

"Bien", admit-il avec un sourire triste. "Sous la boue et la saleté, je suis un aryen."

"Un anglais?" » demanda-t-elle rapidement, presque sceptique. « Ou américain ?

"Américain", a-t-il admis. "Je m'appelle Robert Gray."

Son regard vacilla curieusement. Il n'était pas trop malheureux pour se demander qui elle était. Que faisait une femme blanche dans cette partie du Gobi ? Une femme blanche qui était maître, ou plutôt maîtresse d'une grande caravane, et semblait tout à fait à l'aise dans son environnement ?

Il se demandait pourquoi il avait rougi. Et pourquoi il se sentait si mal à l'aise sous son regard calme. À sa grande surprise, le froncement de sourcils disparut de son front et ses lèvres s'entrouvrirent en un sourire rapide qui se glissa dans ses yeux. Puis elle redevint sérieuse. Mais il constata que ses pouls palpitaient au niveau des poignets et de la gorge.

"Où as-tu trouvé ce *feringhi* , Ram Singh ?" » demanda-t-elle curieusement.

"Parmi les chameaux, *mem-sahib* ", répondit aussitôt l'homme qui avait parlé auparavant. "Son domestique s'enfuyait avec nos chevaux."

Gray regarda autour de lui. À l'arrière du groupe, les bras attachés le long du corps et le visage barbu portant les marques d'une lutte, se trouvait Mirai Khan. Le Kirghiz avait une expression penaude et évitait son regard.

"Le serviteur", expliqua Ram Singh avec une sévère désapprobation, "avait détaché deux des poneys. Il en avait monté un lorsque nous l'avons saisi. N'ai-je pas dit que la plaine était remplie de voleurs de chevaux ?"

Gray lança un regard noir à Mirai Khan.

"Ne vous ai-je pas prévenu," demanda-t-il avec colère, "qu'il ne devait pas y avoir de vol d'animaux ?"

Le Kirghize se tordait avec inquiétude dans ses liens.

"Oui, Excellence. Mais les poneys semblaient sans surveillance et vous en aviez besoin pour monter. Si ces maudits Sikhs n'avaient pas surveillé les monte-chevaux, nous serions restés libres."

L'officier jura à mi-voix, commençant à réaliser dans quelle position peu enviable Mirai Khan l'avait placé. Voler une caravane n'était pas une infraction légère dans ce pays. Et les chevaux avaient appartenu à la femme !

Gray poussa silencieusement ses mains menottées hors de vue, souhaitant être ailleurs qu'ici. Couvert de la crasse d'une semaine de randonnée à travers la plaine, avec une barbe courte sur le menton, les yeux brouillés de sable et son chapeau perdu, il devait ressembler à un élévateur de chevaux - et l'apparence de Mirai Khan n'incitait pas à la confiance.

"Est-ce vrai?" » demanda la fille. Une fois de plus, l'esprit d'amusement elfique semblait danser dans les yeux gris.

"Chaque mot de cela", dit-il franchement. Cherchant des mots pour s'expliquer, sa timidité l'a saisi. "Autrement dit, Mirai Khan emmenait sans aucun doute vos poneys, mais je ne savais pas ce qu'il faisait——"

» Il s'interrompit, maudissant mentalement sa maladresse. Il n'est pas facile de converser équitablement avec une jeune femme sûre d'elle, propriétaire d'une paire d'yeux gris et froids nuisibles. Surtout quand on est battu et lié par des serviteurs suspects et efficaces.

"Pourquoi n'es-tu pas venu directement à la *yourte* ?" observa-t-elle avec hésitation.

"Parce que je pensais que tu pourrais être... un Chinois."

"Un Chinois !" La petite tête était perchée avec curiosité en biais. "Mais ce n'est pas le cas, Capitaine Gray. Pourquoi devrais-je l'être ? Pourquoi devriez-vous détester les Chinois ?"

Deux choses dans son discours intéressaient Gray. Elle semblait être une Anglaise. Et elle lui avait donné son grade militaire, bien que lui-même ne l'ait pas mentionné. Très certainement, rien dans son apparence ne pouvait suggérer le service.

"J'ai des raisons de ne pas aimer un Chinois", répondit Gray. « J'ai donc dû prendre des précautions », commet-il, puis il s'efforce de réparer son erreur. "Si j'avais su que tu étais le propriétaire de la *yourte* , je serais venu directement ici."

Trop tard, il se rendit compte qu'il avait aggravé sa bévue. Les sourcils de la jeune fille se haussèrent, ainsi que son nez – juste un peu.

"Pourquoi devriez-vous être si prudent, M. Gray ?"

Le titre civil était fermement accentué. Pourtant, il y a une minute, elle l'avait appelé « capitaine ». « Sûrement » – c'était tout à fait ironique – « les Chinois sont inoffensifs ?

Gray pensa sombrement à Liangchowfu .

« Parfois, dit-il, ils sont… curieux. La jeune fille lui jeta un coup d'œil. Elle n'a sûrement pas pris cela comme une fouille personnelle ? Gray ne comprenait pas les femmes. « Mademoiselle » — il hésita — « *Memsahib* » — elle regarda fixement — « vous voyez, j'ai dépassé les limites mentionnées dans mon passeport. Il ne voulait pas, placé dans de telles circonstances, dire toute la vérité sur sa mission et son rang. Alors il a fait un compromis. Ce qui s'est avéré être une erreur. "Et le gouverneur de Liangchowfu a hâte de me faire partir."

"Vraiment ? Peut-être que le fonctionnaire," et elle jeta un rapide coup d'œil à Mirai Khan, "pense que vous n'êtes pas en bonne compagnie. Voulez-vous me montrer votre passeport ? Vous n'êtes pas obligé, vous savez."

Non, il n'était pas obligé. Mais dans sa situation actuelle, il estime qu'un refus serait une erreur. Il s'est déplacé pour atteindre les papiers dans sa poche de poitrine et a été contrôlé par les menottes. Il jeta un regard furieux à Ram Singh. L'indigène le regardait avec complaisance. C'était un moment gênant.

"Ram Singh!" La jeune fille parla brusquement. "Avez-vous lié les mains de l'homme blanc ?"

Le Sikh grogna de manière évasive . Elle montra Gray du doigt.

"Défaites-lui les mains. Un homme blanc doit-il être attaché comme un Kirghize voleur de chevaux ?"

À contrecœur, Ram Singh obéit et resta debout avec vigilance. Gray fouilla dans sa poche avec les doigts raidis et sortit son passeport. C'est ce que la jeune fille scanna avec curiosité.

"Je tiens à m'excuser", osa Gray, "pour la tentative de Mirai Khan contre vos chevaux. Il a agi contrairement aux ordres. Mais j'assume la responsabilité de ce qu'il a fait."

Il parlait formellement, voire avec raideur. La femme assise sur la chaise lui jeta un rapide coup d'œil, l'étudiant sous ses sourcils. Il éprouvait un grand désir d'être absous du stigmate de la culpabilité devant elle. Et, comme un homme, il plaçait sa confiance dans une explication formelle.

Elle semblait ne pas tenir compte de ses paroles. Elle lui rendit ses papiers, se mordant la lèvre pensivement. Il aurait donné beaucoup pour savoir à quoi elle pensait, mais le visage lumineux de la jeune fille était illisible.

"Ram Singh," ordonna-t-elle distraitement, "le fusil *du Sahib* doit être rempli de sable. Veiller à ce qu'il soit nettoyé. Emmenez-le à la tente du magasin où il pourra laver le sable de ses yeux. Reviendrez-vous ici, Capitaine Gray ? J'aimerais tellement te parler."

Pendant que Gray se lavait avec gratitude et que les indigènes brossaient son manteau et ses chaussures, son esprit était tourné vers la fille de la *yourte* . Il se disait sauvagement qu'il ne désirait pas qu'on sympathise avec lui. Comme une femme, pensa-t-il, elle avait eu pitié de son malaise. Bien sûr, elle devait le traiter décemment, devant les indigènes.

En cela, il avait plus raison que tort.

CHAPITRE XI

SIR LIONEL

Lorsque Gray revint à la *yourte* , il trouva la table couverte d'argent et de porcelaine contenant une quantité substantielle de riz au curry, de mouton et de thé. Cela lui rappela qu'il était affamé, puisqu'il n'avait pas mangé depuis vingt-quatre heures. Il ne remarqua pas que les cheveux de la jeune fille paraissaient plus soignés, ni qu'elle avait troqué le châle contre la veste de sa robe.

"Tu aimes ton thé fort ?" » demanda-t-elle poliment.

Malgré sa faim, Gray se sentait mal à l'aise alors qu'il mangeait avec parcimonie la nourriture sous son regard froid. Elle n'était pas totalement attentive à ses désirs. Il aurait aimé qu'elle dise quelque chose de plus ou que Ram Singh cesse de regarder sa nuque comme un faucon prêt à bondir sur sa proie.

La nourriture, cependant, le rafraîchissait. Sa curiosité envers son hôtesse grandit. Il n'avait vu aucun autre homme blanc dans le camp. Il n'était guère possible que l'Anglaise soit venue seule au Gobi. Où allait-elle ? Et pourquoi résidait-elle dans une *yourte kirghize* alors que la caravane était équipée de luxes européens ?

Lorsque les indigènes eurent enlevé les assiettes, il sortit sa pipe par habitude et chercha des allumettes. Puis il réfléchit qu'il ne devait pas fumer dans la tente de la femme.

Il aurait aimé la remercier pour son hospitalité, l'assurer de ses regrets pour la tactique de Mirai Khan, lui poser certaines des questions qui lui venaient à l'esprit. Surtout si elle était vraiment seule dans le désert. Mais pendant qu'il cherchait ses mots, elle parla rapidement.

"Je n'ai jamais fait de prisonnier auparavant, Capitaine Gray. Un homme blanc, bien entendu. Je crois que la bonne chose à faire est de vous interroger. Cela convient parfaitement, car je suis d'une nature inhabituellement curieuse."

Il avait sorti une allumette qu'il avait allumée distraitement, puis l'avait éteinte. Elle nota l'action en silence.

"Vous êtes un officier de l'armée ?"

"Dans la réserve. Agir de manière indépendante, maintenant, bien sûr."

"Agissant?" Elle sourit légèrement et lui tendit quelque chose. " Alors tu es un chasseur de gros gibier ? Je ne savais pas que c'était un bon pays pour ce genre de choses. "

"Ce n'est pas le cas", a-t-il reconnu sans ambages. "Ce n'est pas dans le sens ordinaire du terme. Mais j'ai déjà quelques trophées en poche. Mirai Khan est mon guide———"

"S'il vous plaît, fumez", dit-elle, et il vit que ce qu'elle lui offrait était une boîte d'allumettes. Un des domestiques alluma une lumière.

" J'y suis tout à fait habitué. Mon oncle, Sir Lionel, fume un tabac bien pire que le vôtre. "

Gray la considéra à travers sa pipe.

"Pourriez-vous me dire, " demanda-t-il gravement, "Miss nièce de Sir Lionel, qu'allez-vous faire de moi ? Je suis assez votre prisonnier. Votre patrouille sous les ordres de Ram Singh m'a capturé dans vos lignes."

La jeune fille acquiesça pensivement. Gray se demanda s'il avait perçu une lueur de rire dans les yeux sages. Il a décidé qu'il s'était trompé.

"Vous êtes officier, capitaine Gray. Vous savez que tous les prisonniers sont interrogés de près. J'ai encore deux questions avant de trancher votre cas. Êtes-vous vraiment seul ? Et où allez-vous ?"

"Je le suis", déclara Gray méthodiquement. " Ansichow ."

"Vraiment ? J'y vais. Je devrais vous présenter, en tant que prisonnier, à Sir Lionel, mais il est fatigué et endormi, me laissant avec Ram Singh."

"Qui est une excellente tutrice, Miss Nièce———"

"Mary Hastings", dit rapidement la jeune fille. "Je n'ai aucune raison de cacher mon nom." Gray pensait qu'elle mettait l'accent sur le *je* . "Mon oncle, Sir Lionel Hastings, est à la tête de la British Asiatic Society en Inde. Il est en route pour le Gobi."

Gray la regarda. La Société asiatique britannique ! Alors ce doit être l'expédition à la recherche du Wusun. Van Schaick avait dit que cela partait d'Inde.

" J'ai prié Sir Lionel de m'emmener, " continua calmement Mary Hastings, " et il me trouve très utile. Vous savez, j'enregistre ses observations, je tiens le journal de l'expédition et je dessine les cartes. Cela lui laisse le temps de faire des choses plus importantes. travail."

"Mais le désert———" Gray s'interrompit.

"Le désert n'est pas un endroit pour une femme. Je suppose que c'est ce que vous vouliez dire. Mais je ne suis pas une femme ordinaire, je vous préviens, capitaine Gray. Sir Lionel est mon seul parent et nous avons voyagé ensemble pendant des années. Il l'a fait. dire qu'il s'attendait à une certaine opposition de la part des autorités chinoises. Mais j'ai refusé d'être laissé pour compte. Le menton arrondi se releva obstinément. "C'est le travail le plus important que mon oncle ait entrepris, et il est toujours atteint de fièvre à cette époque de l'année."

Gray était secrètement envieux de Sir Lionel. Quelle alliée cette fille ferait ! Pourtant, dans leurs positions actuelles, elle était susceptible de devenir son ennemi le plus ardent. Il leva les yeux, la mesura et croisa son regard. Pendant un long moment, les yeux vert ardoise de l'homme scrutèrent les siens. Ils lui rappelaient la surface de l'eau, parfois calme jusqu'à une profondeur infinie puis tumultueuse.

Pour un homme perspicace, Gray était tristement incapable de comprendre Mary Hastings.

"Pour éviter l'attention des Chinois", continua-t-elle en baissant les yeux, "nous sommes venus de Birmanie, le long de la frontière tibétaine. Un voyage plutôt ennuyeux. Mais en contournant les principales villes situées à la source du Yangtsé et en utilisant ces des huttes indigènes utilisables - qui peuvent être démontées et remontées rapidement - nous échappons à tout interrogatoire.

Voilà donc l'explication des *yourtes maladroites* .

"Vous n'avez pas eu autant de chance, capitaine Gray ? C'est curieux, n'est-ce pas, alors que vous n'êtes qu'un chasseur de gros gibier ?"

Il était sur le bout de sa langue d'en faire une poitrine nette et de dire que lui aussi cherchait Sungan . Mais il lui semblait absurde de lui avouer que l'unique membre de l'expédition américaine avait été retrouvé parmi les chameaux de la caravane Hastings. Peut-être était-il inconsciemment influencé par son désir d'entretenir des relations amicales, même comme c'est le cas actuellement avec Mary Hastings.

Chaque moment de leur conversation lui procurait un vif plaisir, bien plus qu'il ne l'imaginait. Il se dit à quel point il avait de la chance d'avoir croisé l'autre expédition. Ce n'était pas tout à fait étrange, puisqu'ils étaient tous deux partis en même temps et qu'Ansichow était le point de départ commun vers le Gobi.

"Voulez-vous me dire " , éluda-t-il, "comment vous en êtes venu à m'appeler Capitaine Grey avant de voir mes papiers ?"

Mary Hastings sourit agréablement.

"C'était une excellente supposition, n'est-ce pas ? Mais maintenant j'en ai terminé avec mes questions." Elle fit une pause, le front plissé par une pensée inquiétante. "Je pense que je ne m'encombrerai pas d'un prisonnier. Vous êtes tout à fait libre, capitaine Gray. Vous et Mirai Khan. Vous souhaitez sans aucun doute retourner à votre caravane."

Gray pensa aux deux mules qui l'attendaient et à la couverture trempée de pluie qui constituait sa tenue, et lui en parla en riant.

"Vous êtes très gentil", dit-il en se levant.

"Capitaine Gray", dit-elle impulsivement, "il pleut encore. Si vous souhaitez passer la nuit avec nous, je suis sûre que Ram Singh peut vous offrir un lit de camp et une couverture. Mirai Khan pourra aller chercher votre tenue le matin, et vous " Nous pouvons continuer avec nous jusqu'à Ansichow . Ce n'est qu'une journée de marche. "

Gray hésita, puis accepta son offre avec reconnaissance.

"Vous trouverez votre fusil sur votre lit. Ram Singh l'a nettoyé lui-même. Il en avait besoin. Il a dit que c'était un modèle 30-30, mais vous l'utilisez probablement pour le gros gibier parce que vous y êtes habitué." Elle lui tendit la main avec un sourire interrogateur. Gray la saisit maladroitement dans son fermoir ferme et relâcha rapidement ses doigts, de peur qu'il ne les tienne trop longtemps. Elle acquiesça.

"Bonne nuit, Capitaine Gray."

Ce n'est que lorsqu'il fut sans tente qu'il réfléchit qu'il avait admis qu'il était à destination d' Ansichow . Et Ansichow voulait dire le Gobi.

Pendant un certain temps après son départ, Mary Hastings resta dans sa tente. Elle avait renvoyé la servante indigène. Elle réfléchissait, et cela semblait lui plaire. Mais la pensée, avec la jeune fille, exigeait de la compagnie et de la conversation.

Brusquement, elle quitta sa chaise et franchit la porte de la tente. Il pleuvait toujours dehors ; néanmoins, il y avait une percée dans les nuages épais à l'ouest. Mary le remarqua et sauta vers l'entrée de la *yourte* la plus proche d'elle.

"C'est moi, oncle Singh", a-t-elle appelé, pas tout à fait grammaticalement. "Puis-je entrer?"

"Bien sûr," répondit aussitôt une voix aimable. « Quelque chose ne va pas ?

Un homme s'assit sur le lit, allumant une lampe électrique près de la tête du lit et jetant un coup d'œil à une petite horloge. C'était un individu grand et épuré, avec la silhouette d'un athlète, des épaules de polo et le front haut d'un érudit.

Il avait largement dépassé la cinquantaine, le visage était brun-jaune, de profonds creux sous les pommettes, ses rares cheveux assortis à son visage, sauf là où ils étaient striés de blanc.

La jeune fille s'installa confortablement au pied du lit, assise les jambes croisées.

"Tu as beaucoup dormi, *Sher Singh* ", observa-t-elle avec reproche, donnant à l'homme son nom de famille, "et cela signifie que tu ne vas pas bien. J'ai des nouvelles." Elle s'arrêta triomphalement, puis commença spontanément à parler.

"Une telle nouvelle. *Aie* ... Le capitaine Robert Gray est ici, dans la tente de Ram Singh. Il est seul, avec un domestique. C'est un grand homme, pas méchant, mais maladroit - très. Il tient tellement à sa dignité. Vraiment , c'était tout à fait ridicule, - elle rit agréablement, et j'ai été très bien amusé. Il a été amené par les Sikhs, après avoir essayé de voler nos poneys…

"Lever nos chevaux !" Sir Lionel se redressa et rougit. "Eh bien, le scélérat———"

"Je veux dire, son serviteur l'était. Le capitaine Gray était innocent, mais je n'étais pas enclin à le laisser s'en sortir facilement———"

La conception qu'avait Mary des nouvelles importantes ne satisfaisait pas le désir de faits de l'explorateur. Une expression particulièrement jalouse apparut sur le visage ouvert de l'homme.

"A-t-il une caravane bien équipée ?"

"Deux mules, un fusil et une couverture."

"Comme c'est extraordinaire !" Sir Lionel regarda sa nièce. "Pas de chameaux ?"

"Pas une." Mary bâilla et, jetant un coup d'œil à l'horloge, commença à dénouer ses lourds cheveux. Il était très tard. Ses doigts travaillaient avec dextérité, tandis que Sir Lionel pesait ses mots. Contrairement à sa nièce, c'était un individu au processus mental lent, peut-être trop instruit par la routine.

"Mary ! Comment vous êtes-vous... ah... comporté envers le capitaine Gray ?"

"Je l'ai fait prisonnier." La jeune fille sourit malicieusement. "Il a été tellement humilié, oncle Singh."

"J'espère", observa sévèrement Sir Lionel, "vous l'avez prévenu de notre identité."

"Plutôt. Mais il a laissé entendre qu'il recherchait le gros gibier."

Sir Lionel s'approcha du pied d'éclairage et attrapa une cigarette qu'il alluma. Ses yeux se durcirent volontairement.

"Je vais *partir immédiatement* pour Ansichow . Je dois acheter tous les chameaux disponibles. Si vous voulez vous retirer dans votre tente et envoyer mon *sice* ——"

"En effet, non." Elle fronça les sourcils avec inquiétude. "Tu n'as pas encore dormi."

Sir Lionel lui prit la main.

"Non, Mary. Vous devez être consciente de ce que cette expédition signifie pour moi. Je dois être d'abord à Ansichow et dans le Gobi. Il ne faut pas penser à l'échec. Chère fille, j'ai jeté ma réputation dans le bol des dés—— "

"Je sais." Elle lui tapota légèrement la main et ses yeux étaient sérieux. "Seulement j'aimerais que tu me laisses t'aider un peu plus." Elle libéra les boucles de ses cheveux bronzés et posa fermement une petite main sur ses lèvres. "Je sais ce que tu veux dire : que tu es très gentil et indulgent en me laissant venir. Comme si je pouvais rester à Simla pendant que tu partais pour ta plus grande chasse, oncle Singh. Eh bien," soupira-t-elle, "Si vous devez aller acheter des chameaux, vous le ferez. Mais" - elle s'éclaira - "s'il vous plaît, laissez-moi l'Américain errant. Je l'ai vu le premier."

Sir Lionel retira la main qui l'empêchait de parler et fronça les sourcils d'un air menaçant. Mary rayonnait, enroulant ses cheveux en tresses jumelles.

"Marie!" » dit-il gravement, « s'il vous plaît, n'ennuyez pas le capitaine… ah… Gray. Nous devons être parfaitement justes avec lui, vous savez.

"Bien sûr", lui assura-t-elle vertueusement. "N'est-ce pas ? Il ne le pensera peut-être pas quand il apprendra que tu es allé acheter des chameaux alors que je lui ai proposé de dormir. Il craindrait toujours les Grecs qui lui apportaient des cadeaux——"

" *Oolu ka butcha !* " (Enfant d'un hibou !)

"Mais il ne devrait pas essayer de me tromper, n'est-ce pas, mon oncle ? J'imagine qu'il va passer un moment assez misérable. Il semble un peu hors de son environnement ici."

Elle hocha la tête de manière décisive.

"C'est entièrement de sa faute s'il est venu là où il n'a rien à faire et s'il a voulu priver mon *Sher Singh* de ce pour quoi vous avez travaillé toute votre vie."

"Simplement son devoir, Mary."

"Mais il ne vous gênera pas dans le vôtre."

Elle se tut, ne souriant plus. Il y avait une grande tendresse dans le regard qu'elle jetait sur l'Anglais décharné. Sir Lionel était son héros, et, faute de père et de mère, toute la chaleur de l'affection de la jeune fille avait été accordée à l'explorateur.

Elle me dit doucement bonsoir et sortit de la tente. Cette nuit-là, elle dormit légèrement et se tenait debout avec la première bande cramoisie à l'est.

CHAPITRE XII

UN MESSAGE DES SIÈCLES

Dans ses quartiers confortables, Gray dormit bien pour la première fois depuis de nombreuses nuits, ressentant la réaction de la vigilance constante que lui et Mirai Khan avaient été forcés d'exercer. Lorsqu'il sortit le matin, le soleil était déjà levé et les hommes levaient le camp sous la direction de Ram Singh qui le salua froidement.

Lorsqu'il s'enquit de Miss Hastings, il découvrit qu'elle était partie rejoindre son oncle, sur un chameau avec un seul serviteur. Il a été forcé de monter avec la caravane, après avoir renvoyé Mirai Khan chercher les animaux. Ram Singh s'est avéré un compagnon peu communicatif et Gray était heureux lorsque les toits plats de la ville dépassaient les crêtes de sable en fin d'après-midi.

La caravane s'arrêta aux limites de la ville, là où l'Anglais avait préparé son campement. L'endroit était une colonie solitaire, peuplée de Dungans impassibles et de quelques Chinois qui répondaient aux besoins des marchands passant de Liangchowfu à Kashgar et aux villes du Turkestan. Gray n'a vu ni la jeune fille ni son oncle et a appris qu'ils étaient allés rendre une visite de cérémonie à l' *amban* — le gouverneur — d' Ansichow .

Il est allé chercher Mirai Khan. La rencontre avec les Hastings l'avait mis dans une situation délicate. Malgré sa propre situation, il décida d'avouer sa mission à l'Anglais, après avoir décidé que c'était la seule chose juste à faire. Il ne pouvait pas accepter l'aide de personnes qui seraient forcément ses rivaux dans la quête du Wusun.

Il pensa tristement que Van Schaick l'avait exhorté à atteindre l'endroit du Gobi avant l'expédition depuis l'Inde. Van Schaick et Balch comptaient sur lui pour y parvenir, sans savoir que Delabar travaillait contre lui.

Dans l'état actuel des choses, les deux parties avaient conquis la ville située à la limite de Gobi en même temps. Mais les Hastings possédaient une tenue ample, bien choisie à cet effet et prête à aller de l'avant sur-le-champ. Gray n'avait que Mirai Khan et deux mules. Il lui faudrait embaucher des chameaux et des porteurs pour s'approvisionner en provisions disponibles et obtenir un guide.

Cela prendrait du temps, et une grande partie de sa petite réserve d'argent. De plus, s'il faisait clairement connaître son intention à Sir Lionel, il était probable que l'Anglais partirait immédiatement, gagnant ainsi quatre ou cinq jours sur lui. Gray savait par expérience qu'il était inutile d'essayer de presser les Chinois de conclure une transaction. Et il n'était pas sûr que Mirai Khan irait dans le désert.

Les Kirghizes l'avaient jusqu'ici fidèlement servi, au mieux de ses capacités. Mais Mirai Khan avait déclaré que les membres de la tribu évitaient cette partie du désert. Puis il y a eu l' *amban* . Il était plus que possible que Wu Fang Chien ait envoyé un message à Ansichow pour qu'il chasse Gray.

C'était une situation difficile, et Gray y réfléchissait d'un air maussade lorsqu'il rencontra Mirai Khan dans la rue du bazar de la ville. Le Kirghiz, qui semblait excité par quelque chose, lui fit signe d'entrer dans l'un des étals, après avoir jeté un coup d'œil prudent dans la rue.

« Écoutez, Excellence, » murmura-t-il. "Ici, j'ai trouvé un homme qui sait ce qui vous intéressera. Il a beaucoup voyagé dans le désert et a déterré des écrits et des objets de valeur qu'il vendra à bon prix. Il s'appelle Muhammed Bai."

Gray jeta un coup d'œil dans la cabine et vit une silhouette courbée agenouillée sur les tapis. C'était un vieux Turkmène, portant des lunettes et un turban taché. Muhammed Bai salua et fit signe à son visiteur de s'asseoir. Gray le scruta avec intérêt. Il était fort possible que l'homme détienne des informations précieuses. Mirai Khan avait une façon de découvrir les choses facilement.

« Est-ce que l'Excellence reposera à l'aise, » bavarda le Turkoman en le regardant avec bienveillance, « pendant que son serviteur lui montrera certains trésors inestimables qu'il a creusés dans le sable parmi les ruines. Mirai Khan a dit que l'Excellence cherchait les ruines.

"Tu y es allé ?" » demanda prudemment Gray. Il connaissait le penchant des Asiatiques centraux pour l'exagération.

"Sans aucun doute. Je suis allé très loin à l'ouest. Aux ruines dans le sable. D'autres Excellences ont posé des questions à leur sujet de temps en temps mais aucune n'y est allée, sauf moi, Muhammed Bai."

"A quoi ressemblent les ruines ?"

Le marchand agita avec éloquence sa main fine. "Des tours de pierre, grandes et hautes, se dressant comme des poteaux de guidage. Mon père les connaissait. Un des sultans de sa tribu y creusa pour trouver un trésor. Il trouva de l'or. Oui, il m'a indiqué l'endroit. Moi aussi, j'y suis allé. et creusé. Regardez———"

D'un geste de *connaisseur* exhibant un chef-d'œuvre, le Turkmène tira quelques objets de dessous un tapis de soie. Gray les regarda. Il s'agissait d'étranges pièces d'argenterie et d'émail, tachées par le temps. Ces Muhammed Bai se sont répandus devant lui.

"Ils viennent des ruines. L'Excellence est sans aucun doute un homme de sagesse. Je n'ai pas besoin de lui dire quel âge ont ces choses. On ne peut pas dire leur valeur. Mais je vendrai le lot pour très quelques *taels* - dix *taels* . "

L'Américain toucha les fragments avec curiosité. Ils ne signifiaient rien pour lui. Il s'agit peut-être des reliques d'une ancienne civilisation. Muhammed Bai l'observait attentivement et lui plaçait un morceau de parchemin sous les yeux.

"Voici un trésor plus grand. L'Excellence en verra la valeur d'un coup d'oeil. D'autres marchands étrangers ont demandé à l'acheter. Mais je leur ai dit qu'il fallait payer un prix élevé. Qui vendrait un objet sacré à un chien ? Vous voyez, l'étrange écriture———"

Gray leva le parchemin à la lumière. C'était un petit drap très sale. Elle était recouverte d'une belle écriture en caractères inconnus de lui. Il aurait souhaité que Delabar soit là pour lui en expliquer la signification. S'il provenait de cette section du Gobi, il était possible qu'il jette un peu de lumière sur le Wusun.

"Mirai Khan, qui est mon ami, a dit que l'Excellence cherchait des nouvelles des peuples anciens. Voici un parchemin qu'on ne peut trouver nulle part ailleurs. Peut-être qu'il n'a pas de prix. Je ne sais pas."

"Est-ce que tu peux le lire?"

« Un serviteur comme moi peut-il lire la sagesse ancienne ? Muhammed Bai leva les mains avec éloquence. "Mais je vais vendre———"

Il leva les yeux alors qu'une ombre tombait sur le stand. Gray vit que Mary Hastings se tenait dans l'entrée. A côté d'elle se trouvait un homme de grande taille, bien habillé. Il se leva.

"Voici mon oncle, le major Hastings, le capitaine Gray", sourit-elle. "Nous avons entendu dire que vous étiez au bazar. Achetez-vous des bibelots à rapporter avec vos trophées ?"

Sir Lionel rendit poliment l'arc de l'Américain, en jetant un regard curieux de Muhammed Bai à lui. Puis son regard tomba sur le parchemin. Il se pencha en avant et poussa une vive exclamation d'intérêt.

"D'où vient cela ?" » a-t-il demandé à Muhammed Bai, dans le dialecte du Shensi occidental.

Le Turkoman le regardait avec ses sourcils touffus, ressemblant à une vieille poule grise gardant l'une de ses couvées . "Du désert là-bas. Moi, Muhammed Bai——"

"Quelle est la langue d'écriture ?"

« Comment le saurais-je, Excellence ?

"Ce serait difficile à dire." Sir Lionel fronça les sourcils, pensif. "Les caractères sur le parchemin ne sont certainement pas le cunéiforme de Behistun ; de même, ils ne sont pas un dialecte de l'ancienne Kashgaria , ni du chinois. Ces deux langues sont les seules que nous nous attendions à trouver ici, sauf peut-être..."

» Il s'interrompit, jetant un regard curieux à Gray.

"Avez-vous un droit sur ce manuscrit, monsieur ? Envisagez-vous de l'acheter ?"

Gray hésita, sentant le regard froid de la jeune fille sur lui. S'il achetait le parchemin, cela lui serait inutile, car il ne pourrait pas interpréter l'écriture. D'un autre côté, s'il le laissait à Sir Lionel, le parchemin pourrait s'avérer utile à l'expédition anglaise. Naturellement, il devait l'empêcher.

"Je l'achèterai", conclut-il, ajoutant rapidement "comme curiosité".

"Pour ajouter à vos trophées de gros gibier ?" » demanda calmement Mary Hastings.

Tandis qu'il réfléchissait à une réponse, Sir Lionel lui tendit le parchemin.

"Cela pourrait servir de curiosité, capitaine Gray. Mais, en toute honnêteté, je dois vous prévenir. L'écriture est une contrefaçon, intelligemment faite. Vous voyez, c'est l'affaire de ma vie de connaître les langues anciennes de l'Asie centrale. C'est adapté d'une inscription que Muhammed Bai a sans doute vue. Le parchemin est habilement coloré pour paraître vieilli. Mais l'encre noire est fraîchement appliquée.

Gray sourit sinistrement, tandis que le Turkmène regardait les hommes blancs, s'efforçant de deviner ce qu'ils disaient.

"Et ces morceaux d'argent ?" L'Américain désigna les reliques qui gisaient sur le tapis.

"Ne valent rien, sauf... en tant que curiosités. Étant un chasseur, Capitaine Gray, je présume que l'authenticité des objets n'affectera pas votre désir de les acheter."

Sir Lionel parlait sèchement, et la jeune fille le scrutait avec un franc amusement.

"Mon oncle a entendu parler de Muhammed Bai", a-t-elle proposé. "C'est un vieil imposteur qui gagne sa vie en vendant de faux manuscrits aux voyageurs de Khotan et de Kashgar . Peut-être avait-il entendu dire que nous venions à Ansichow . Je pense plutôt que votre précieux Kirghiz est de mèche avec Muhammed Bai."

Mirai Khan comprit ce qu'elle disait : ayant une légère connaissance de l'anglais, elle se retira discrètement dans l'allée du bazar. Gray réfléchit à la curieuse éthique de l'Asie centrale qui permettait à un serviteur de prendre de l'argent à son maître par la ruse, alors que celui-ci le servait fidèlement. C'était l'une des énigmes de l'éthique asiatique – à laquelle il avait déjà été confronté. Il savait que la fille avait probablement raison.

Il jeta l'argent pour le parchemin et l'empocha, comme il avait dit qu'il l'achèterait. Sir Lionel l'arrêta alors qu'il se levait.

"Ce manuscrit est... intéressant", observa-t-il pensivement. "Parce que Muhammed Bai devait avoir un modèle sur lequel copier cette écriture. Les caractères ressemblent légèrement au sanscrit , mais ils suggèrent le Tokharian, que cet homme ne peut pas connaître." Il se tourna brusquement vers le marchand clignotant. « Dis-moi, auteur de fausses missives, dit-il en turc, d'où as-tu copié ces lettres ?

Il y avait quelque chose d'empressé et de menaçant dans le visage du grand Anglais qui étouffa le déni de Muhammed Bai.

"C'est comme je l'ai dit, Excellence. Les écrits ont été trouvés dans le désert."

"Où?"

"A une semaine de route d'ici, vers l'ouest."

"Près de Sungan , hein ? Comment les as-tu trouvés ?"

Le Turkoman restait sombre et silencieux. Sir Lionel laissa tomber une pièce sur le tapis. C'était de l'or.

"Ah, l'Excellence est généreuse comme un prince de la maison royale !" s'écria Mohammed Baï. "C'est sur une pierre, une borne à l'endroit que j'ai dit, que j'ai trouvé les écrits. Voyez, voici la pierre."

Il se leva précipitamment, s'inclina et se précipita vers l'arrière de la stalle. Il jeta quelques tapis du haut d'une pile, révélant un morceau de grès brun d'environ trois pieds de haut et un pied d'épaisseur. A la surface de la pierre, Gray voyait gravés des caractères qui lui étaient étrangers.

Mais pas à Sir Lionel. L'Anglais tomba à genoux avec une exclamation, sortant ses lunettes. Il passa son doigt sur les inscriptions sur le grès.

"Une forme de sanscrit !" il pleure. — Par Jupiter, vieux de trois siècles au moins. Quatre, à mon avis. Et voici le caractère correspondant au mot chinois Wusun, les Grands. Remarquable ! C'était évidemment l'une des limites du pays Wusun. »

Il regarda attentivement l'inscription, oubliant l'Américain dans son enthousiasme.

"Hm... il a été érigé par l'un des khans du Peuple Grand. *Par un esclave de l'empereur chinois* . Il parle de la race captive des Wusun. De toute évidence, ils étaient déjà sous le *kan* des prêtres chinois. "Dans le " _ _

Il interrompit sa lecture et leva les yeux vers Gray. "Splendide ! Il faut que je frotte ça."

Il a ordonné à Muhammed Bai d'apporter du charbon de bois et une feuille de papier propre. Le charbon de bois, il le frotta sur la pierre. Puis il appuya fermement le papier contre lui, frappant la feuille avec ses poings jusqu'à ce que le contour de l'inscription soit imprimé sur le papier. Il l'examina triomphalement.

" Excellent ! Capitaine Gray, je vous suis redevable de votre " — il sourit — " aide involontaire. Voulez-vous dîner avec nous ? Mary sera heureuse d'avoir de la compagnie, j'en suis sûr. Je dois placer ceci là où il sera en sécurité. "

Il s'en alla précipitamment, suivi de la jeune fille et de Gray. Ni l'un ni l'autre n'ont parlé pendant la marche vers les environs d' Ansichow . L'Américain regrettait la malchance qui avait caché aux Hastings la vérité sur sa mission. Il se trouvait dans la position d'un coupable obtenant des informations précieuses de ses rivaux, sans le vouloir. Il était tenu d'utiliser cette information à son propre avantage.

Il avait décidé d'arranger les choses en révélant à son hôte le but de sa recherche du Gobi. Et le dîner lui en fournirait l'occasion.

Le camp des Hastings était situé dans un jardin qui entourait une source à proximité du caravansérail d' Ansichow . Sir Lionel, n'aimant pas la saleté du caravansérail qui témoignait d'une grande utilité pour les voyageurs chinois pas trop exigeants, avait planté ses tentes dans le jardin, créant ainsi son propre bungalow *dak* , comme il l'appelait.

Il était tard dans la soirée et la table était dressée sous le double toit de la tente principale, utilisée par la jeune fille. C'était l'heure tranquille de la prière du soir. Des bergers ramenaient leurs troupeaux chez eux pour la nuit, le long de la route non loin de là. Il y avait une légère brise, suffisante pour purifier l'air de la poussière omniprésente, qui secouait à peine les côtés de la tente. Deux serviteurs indiens ont servi un repas appétissant devant leurs maîtres.

Sir Lionel, ravi de sa découverte, parla de la ville de Sungan . Une ou deux fois , il se retint, comme s'il craignait d'en dire trop. Mais son empressement ne devait pas être retenu.

"La pierre prouve l'existence de Sungan et nous donne une idée approximative de son emplacement. A en juger par l'inscription, les Wusun se sont accrochés à leur héritage. Je pense que nous trouverons quelques survivants à Sungan ."

"Je pensais que vous aviez dit que l'inscription était une forme de sanscrit ", objecta Gray. "Et les Wusun sont chinois———"

"Ah, c'est justement le point." Sir Lionel releva sa tête blonde, comme un passeur à l'odeur du gibier. " Le sanscrit est une langue aryenne. La race blanche enterrée ici dans le Gobi s'appelait elle-même le Peuple de grande taille. Wusun est la traduction chinoise de ce terme. Leur propre langue écrite est probablement le dialecte que nous avons vu sur la borne frontière, qui est l'aryen. une chaîne de preuves évidente, capitaine Gray.

"Mais", objecta honnêtement l'Américain, "mon disciple, Mirai Khan, a chassé la région frontalière du Gobi et il dit positivement qu'aucune ville n'est visible. La pierre a quatre siècles ou plus———"

« Mirai Khan, » dit rapidement la jeune fille, « ne peut pas voir sous le sable, n'est-ce pas ? Il semble principalement occupé à voler des chevaux.

Sir Lionel, cependant, ne devait pas se détourner de la discussion qui remplissait son esprit. "Vous oubliez le sable dont parle Mary, Capitaine Gray," rétorqua-t-il chaleureusement. "C'est littéralement une mer de sable. Et les vagues montent. Nous sommes sûrs que certaines villes situées au pied du Thian Shan ont été ensevelies par ces vagues. Vous voyez, les vents dominants ici viennent de l'est. Ils chassez les dunes de sable devant eux. J'ai remarqué que les dunes se dirigent vers l'ouest… »

"Avant de continuer, Sir Lionel…" protesta l'Américain, se souvenant de son intention de mettre les choses au clair.

"Pas un mot, monsieur. Pas un autre mot. Tais-toi, Mary" - comme la jeune fille commença à parler - "Je ne serai pas contredite. C'est un fait scientifique que les sables marchent. Pendant les *kara burans* ou tempêtes de vent noir ils progresseront de plusieurs mètres par jour. Sungan a été construit sur la grande route des caravanes de la Chine à Samarcande et à la

Perse, il y a plusieurs siècles. Marco Polo a suivi cette route lorsqu'il a visité la cour de Kubla Khan.

"Mais," interrompit Gray, "je veux———"

"Je dis, c'est un fait, monsieur. Prouvez le contraire. Vous ne pouvez pas!" Sir Lionel lui lança un regard hostile. "J'ai raison. Sans aucun doute, j'ai raison. Sungan a été enterré par les sables en marche. Seules les tours restent."

Gray repensa à l'histoire évoquée par Delabar, au sable qui s'était abattu sur la ville de Gobi, en guise de châtiment pour un péché commis contre les religions d'Asie. De plus, Mirai Khan avait déclaré qu'aucune ville ne devait être vue. Et Brent avait prétendu avoir vu quelques tours isolées.

"Ces tours", commença-t-il à expliquer ce qu'il avait en tête.

"Sont les sommets des palais de Sungan , monsieur. J'y trouverai la race blanche d'Asie, le peuple captif des Wusun."

"Mais, mon oncle", protesta la jeune fille, "la pierre a été érigée il y a quatre cents ans. Si les Chinois l'avaient voulu, ils auraient pu tuer les Wusun restants depuis lors."

« Les anciennes annales chinoises », observa Sir Lionel avec tolérance, « déclarent que les Wusun, les « Grands », étaient de redoutables combattants. Les Sacae ou Scythes dont ils descendent étaient l'une des races conquérantes du monde. l'héritage de force qui a préservé les restes du Wusun - à nous de le trouver.

Gray fit face à l'Anglais de l'autre côté de la table. Sir Lionel avait enfilé un joli costume de canard propre pour le repas. Mary était minutieusement vêtue de blanc, un châle léger sur ses fines épaules. Il sentait profondément sa propre tenue en désordre. De plus, la jeune fille semblait décidée à se moquer de lui.

"Le Capitaine Grey est un chasseur, vous savez, mon oncle," remarqua-t-elle en jetant un regard froid à l'Américain mal à l'aise. " Vraiment, votre discours sur le Wusun doit l'ennuyer. Il est venu tuer des antilopes. Ou est-ce des chameaux sauvages, Capitaine Gray ? "

Gray croisa son regard avec régularité. Il voyait qu'elle était corps et âme aux côtés de Sir Lionel dans la quête de ce dernier, et devinait que ses propres aveux devaient mettre fin à toute possibilité d'amitié entre eux.

"Ni l'un ni l'autre," dit-il gravement. "J'avais l'intention de vous le dire avant cela. Mais au début , j'ai été tellement surpris de découvrir———"

« Que nous gardions nos poneys, Capitaine Gray ? Les yeux de la jeune fille pétillèrent et elle se mordit la lèvre.

"Une femme blanche au lieu d'un Chinois, je n'ai pas avoué, comme j'aurais dû le faire."

"Mais Mirai Khan a avoué."

Gris rougit. "J'ai été envoyé dans le désert, Sir Lionel, pour retrouver le Wusun. Je suis employé par l'American Exploration Society. Et je vais faire de mon mieux pour arriver à Sungan - avant vous, si possible."

L'effet de ses paroles était curieux. La jeune fille l'étudiait en silence. Sir Lionel caressa sa moustache blonde, visiblement mal à l'aise. Ni l'un ni l'autre ne parut surpris.

" Ainsi , vous voyez, " Gray a fait la déclaration la plus directe possible, " je suis votre rival. J'avais l'intention de vous le dire avant. Naturellement, il est de mon devoir d'utiliser les informations que vous m'avez fournies. Mais je veux faire valoir ma position. " clair avant d'aller plus loin.

Les premiers mots de Sir Lionel ne furent pas ceux auxquels Gray s'attendait.

"Vous n'êtes pas un scientifique, monsieur ?"

"Je ne le suis pas. Le professeur Delabar, qui devait m'accompagner, a été contraint de rebrousser chemin vers Liangchowfu ."

"Alors tu es seul ? Sans caravane ?"

"Pour le moment. Je vais faire de mon mieux pour m'équiper à Ansichow et vous devancer, Sir Lionel." Rose grise. "Je suppose que je ne suis pas vraiment le bienvenu ici, après ce que je vous ai dit———"

L'Anglais agita sa main brune avec tolérance.

"J'aime votre franchise, capitaine Gray. Veuillez vous asseoir. Nous sommes des rivaux, pas des ennemis, vous savez. Mais" - le zèle de l'enthousiaste brillait dans ses yeux doux - "Je ne vous permettrai jamais d'atteindre Sungan avant moi. J'ai étudié le Wusun pendant des années. J'ai persuadé la British Asiatic Society de m'envoyer ici. C'est le couronnement de ma vie, monsieur.

La jeune fille leva fièrement les yeux.

"En effet, c'est vrai, Capitaine Gray. Mon oncle a dépensé notre argent pour le voyage. Sa réputation est en jeu. Parce que peu de directeurs de la Société Asiatique croient que les Wusun existent…"

"Ils se trompent, Mary", lui assura Sir Lionel. "Je sais que j'ai raison. Le fait que le capitaine Gray ait été envoyé ici en est la preuve. J'atteindrai Sungan , le premier homme blanc à pénétrer dans la région interdite du Gobi.

La borne frontière a indiqué notre route, et je le ferai. Je ne cède pas le passage au capitaine Gray, ni à qui que ce soit . N'importe qui, je le répète, monsieur !

Il frappa violemment la table et se leva, maîtrisant son émotion en un instant.

« Je vous prie, monsieur, » dit-il avec la belle courtoisie du gentleman anglais, « si nous voulons être rivaux, vous ne nous refuserez pas le plaisir de votre compagnie pendant que nous serons à Ansichow . Après cela, vous savez, il est chacun pour soi. Maintenant, je vais aller relire mon frottement...
"

Il s'inclina avec raideur et entra dans la tente voisine. Gray constata que la jeune fille le regardait avec curiosité.

"Alors Delabar est rentré", dit-elle d'un ton songeur. "Je me demandais pourquoi il n'était pas avec toi quand tu es venu dans ma *yourte* après Ram Singh——"

Elle rougit légèrement. Gray remarqua comment la lumière du soleil déclinante brillait sur ses cheveux cuivrés et mettait en valeur les lignes fines de sa silhouette élancée. Un pur-sang, pensa-t-il – comme son oncle.

"Ram Singh a fait exactement ce qu'il fallait", a-t-il admis. "Mais comment--"

"Est-ce que je m'attendais à Delabar ?" Elle hésita. "Eh bien, j'ai aussi une confession, capitaine Gray. Je savais depuis le début – ou plutôt je soupçonnais – ce que vous étiez. A Calcutta, Sir Lionel a reçu cette lettre."

Elle fouilla dans sa ceinture et en sortit un carré de papier plié. Elle le tendit silencieusement à Gray.

> Le capitaine Gray, un officier de l'armée américaine, et le professeur Delabar sont en route vers le Gobi. Il vous sera inutile de tenter l'expédition, car ils seront là avant vous. Ne perdez pas votre temps en allant en Chine.

C'était la lettre. C'était écrit d'une main soignée et non signé.

"Est-ce que l'enveloppe portait un cachet de la poste ?" Il a demandé.

"Oui, San Francisco."

Il le lui rendit. Il reconnut l'écriture comme étant celle de Delabar. Le Syrien avait donc tenté d'empêcher les Hastings de partir. Comme il avait fait de son mieux pour empêcher Gray d'atteindre le Gobi. Pourquoi?

CHAPITRE XIII

LE DÉSERT

Le lendemain, Gray envoya Mirai Khan au yamen *de l'Amban* pour tenter de louer les chameaux nécessaires. Il pensait qu'il valait mieux ne pas y aller lui-même. Sans le consentement du responsable chinois, rien ne pourrait être fait, car l'*Amban* s'attendrait à une commission libérale sur chaque transaction à Ansichow . En outre, le fonctionnaire disposait d'une douzaine de soldats mal armés et mal intentionnés dans la caserne de la ville, assez pour imposer son autorité sur Gray, bien que le parti d'Hastings fût suffisamment nombreux pour être indépendant des Chinois.

Gray lui-même errait d'un air maussade dans les quelques rues du village. Depuis la conversation de la veille, il était agité. Il avait mal dormi. Même s'il ne voulait pas se l'admettre, la pensée de Mary Hastings l'avait tourmenté.

C'est ainsi que son errance le conduisit au camp des Hastings.

Il trouva Mary assise sous le toit de la tente du magasin, inspectant et comptabilisant un stock de provisions que Ram Singh avait acheté. Elle leva les yeux et hocha froidement la tête à son approche.

"Vous êtes occupée, Miss Hastings", observa-t-il. "Mais je veux te demander une faveur. Une demi-heure de ton temps."

La jeune fille pointa un crayon sur ses comptes, dubitative. Ram Singh fronça les sourcils.

"Nous pouvons parler ici, Capitaine Gray," compromet-elle, "pendant que je travaille. Sir Lionel veut ces magasins———"

"Nous ne pouvons pas très bien parler ici", objecta Gray. "Ce que j'ai à dire est important. Hier soir, votre oncle m'a donné des informations précieuses. Je veux vous en donner une valeur en retour."

"Où?"

Mary Hastings avait l'allure vive d'une personne habituée aux transactions commerciales. Gray a appris plus tard, après le désastre qui les a frappés dans le Gobi, qu'elle s'occupait du travail de routine des expéditions de son oncle, et qu'elle était également très compétente.

"Dehors ici, dans le jardin", suggéra-t-il. Elle hésita ; puis se leva, attrapant son casque solaire. Un mur délabré encerclait le camp et quelques aloès luttaient pour survivre près des pierres effondrées.

Mary a escaladé les pierres, refusant l'aide de l'Américain, jusqu'à ce qu'elle se perche au sommet du mur du jardin. Ici, elle pouvait ignorer l'activité du camp tout en écoutant.

Une brume flottait dans l'air, née des rafales incessantes de sable fin qui pèsent sur l'atmosphère du Gobi. Mais depuis leur petite élévation, au-delà des bâtiments bas d' Ansichow , Gray pouvait voir la plaine de dunes qui marquait le désert. Ils étaient d'un brun terne, s'étendant jusqu'à la longue ligne d'horizon à l'ouest.

Gray resta silencieux, admirant le profil de la jeune fille. Il y avait en elle quelque chose de élancé et de garçon. Sa tenue était simple et excessivement soignée. Sous la couronne de son casque, quelques mèches de cheveux cuivrés s'enroulaient contre sa joue bronzée.

Mary jeta un coup d'œil significatif à la montre à son poignet.

"J'ai bien peur que vous soyez très paresseux, capitaine Gray", dit-elle franchement. "Je vous préviens que nous n'allons pas perdre de temps en partant d' Ansichow ."

"Je suis paresseux", a-t-il reconnu. "Mais je ne veux pas du tout que tu commences."

Elle le regarda calmement. "Pourquoi?"

"C'est ce que je voulais dire à votre oncle. Je vais être aussi franc avec vous que j'avais l'intention de l'être avec Sir Lionel. Miss Hastings, le désert de Gobi—"

« Ce n'est pas sans danger pour une femme, je présume ? »

"Exactement. Si Sir Lionel savait tout ce que je fais, il ne voudrait pas que vous l'accompagniez. Il devra y aller, bien sûr. Moi aussi. Mais vous pouvez rester ici avec Ram Singh jusqu'à notre retour. Le Sikh est un bon gardien. Sir Lionel pourra vous rejoindre à son retour.

Mary posa son menton sur ses mains et scruta les aloès avec un intérêt amical. "Pourquoi penses-tu qu'il est dangereux pour moi d'aller à... Sungan ?"

" J'ai une bonne raison pour mon avertissement, Miss Hastings. Deux raisons. La première : Sungan semble être gardé par les prêtres chinois. Vous les avez évités en traversant la Birmanie pour entrer en Mongolie. J'ai eu un avant-goût de leur gentillesse. ".

Il lui raconta brièvement l'opposition de Wu Fang Chien, l'épisode de l'auberge de Liangchowfu et les craintes de Delabar.

" Alors ton compagnon a rebroussé chemin parce qu'il avait peur ? "
Elle sourit curieusement. « Quelle est votre autre raison, Capitaine Gray ?

"La maladie. C'était ce que Delabar redoutait surtout, je pense. Brent,
un missionnaire, a dépassé la frontière de Gobi ici... et est mort de maladie.
Je ne dis pas qu'il a été tué. Il est mort."

"Nous sommes équipés pour faire face à cela. J'ai des moyens pour
purifier l'eau que nous pourrions être amenés à utiliser dans les oasis."

" Ce n'est pas une question d'eau, dans ce cas. Brent avait la sienne.
Vous pensez peut-être que je cours un peu par fantaisie, Miss Hastings. Mais
il y a Mirai Khan. Je l'ai soigneusement sondé. Il a clairement peur de l'eau.
Région de Sungan , et de la maladie pâle. Je ne sais pas ce que c'est, je ne sais
même pas que cela existe. Il n'en reste pas moins que Mirai Khan, qui est une
sorte de coquin intrépide, dit que ses compatriotes ont évité cette partie du
Gobi à cause de la peste, quelle qu'elle soit.

"Tous les Kirghizes sont des menteurs de naissance et de milieu. En
réalité, vous savez, capitaine Gray, les prêtres bouddhistes inventent de telles
histoires pour éloigner les visiteurs de leurs sanctuaires. L'arrivée des
étrangers affaiblit leur pouvoir."

"C'est peut-être vrai." Gray avait le sentiment de mal présenter son cas.
"Mais vous n'avez pas encore établi de contact avec l'aimable Wu Fang Chien.
Avoir une femme avec vous handicaperait Sir Lionel."

Ses sourcils se sont arqués d'un air interrogateur.

"Vraiment ? L' *amban* d' Ansichow et ses hommes ne semblent pas
chercher à nous empêcher d'avancer."

"Parce qu'ils ne le pourraient pas très bien s'ils le voulaient. Mais avez-
vous été frappé par le fait que vous êtes déjà arrivé si loin que les Chinois ne
s'inquiètent pas pour vous ? Que si vous entrez dans le Gobi, ils vous
considéreront comme perdu. J'en ai rassemblé autant et Mirai Khan a écouté
dans les bazars. Ne resterez-vous pas à Ansichow , Miss Hastings ?

Son appel direct contenait une note de nostalgie. Le danger possible
pour la jeune fille l'avait hanté toute la journée. Il serait inutile, pensait-il, de
faire appel à Sir Lionel. Mary Hastings n'avait pas l'habitude d'obéir aux
ordres de son oncle dans les domaines touchant à son propre confort ou à
sa sécurité.

"Et laisser Sir Lionel aller seul dans le Gobi ?"

"Oui. Il est obligé de prendre le risque. Vous ne l'êtes pas. J'ai bien peur
que votre oncle soit trop absorbé par ses recherches pour prêter attention au

danger éventuel. Je ne pense pas qu'une femme blanche devrait prendre ce risque."

Mary Hastings sourit lentement. Contrairement à la plupart des femmes, elle avait une façon de regarder directement un homme qui dérangeait Gray. Il sentit qu'il faisait une gaffe.

"Sir Lionel," répondit-elle, "a à cœur d'être le premier homme blanc à Sungan . Il a mis sa réputation de scientifique en jeu dans cette expédition. Vous ne savez pas à quel point cela compte pour lui. S'il trouve le Sungan "

"Mais toi--"

"Sir Lionel a besoin de moi. Je m'occupe de la gestion de la caravane. Et il ne peut pas épargner Ram Singh."

Elle secoua sa petite tête.

« Ne pensez-vous pas, Capitaine Gray, que vous en avez assez essayé pour gâcher nos chances de succès ? N'est-ce pas plutôt méchant de votre part d'essayer de me faire peur et de me faire quitter *Sher Singh* ? Mary Hastings se mit soudain en colère. Gray commettait le péché impardonnable de tenter – du moins s'en assurait-elle – de séparer son oncle et sa nièce.

Elle voulait être plus en colère qu'elle ne l'était. Mais le perchoir mural n'était pas une position stratégique pour une démonstration de colère, qu'elle considérait comme méritée.

"Vous savez que diviser notre caravane affaiblirait nos chances de succès !" » accusa-t-elle en cherchant un pied sur les pierres en dessous.

Gray était incapable d'expliquer le changement rapide d'humeur. Qu'avait-il dit pour l'offenser ? Il ne le pensait que pour son bien.

"Non, Miss Hastings," rougit-il. "Je voulais simplement vous avertir d'un réel danger."

La jeune fille a glissé des rochers jusqu'à terre. Elle frappa dédaigneusement un pied bien chaussé. Gray ignorait que la manœuvre avait été planifiée dans ce but. Elle était visiblement très en colère. Il se demandait pourquoi, misérablement.

"Je pensais que vous étiez un sportif, capitaine Gray, même si vous n'étiez pas un chasseur de gros gibier comme vous le prétendiez. Je me trompe. Bonjour."

"Bon dieu!" Gray regarda sa silhouette légère revenir à la tente et serra les dents. "Bon dieu!" Il sourit tristement. "Voleur de chevaux, intrigant, je me demande s'il y a autre chose qu'elle pense que je suis. Je suppose qu'il n'y a rien d'autre d'assez grave."

Il descendit de ses rochers et quitta le campement, évitant Ram Singh qui faisait alors entrer une file de coolies. Le Sikh passa avec un air renfrogné.

Les querelles se créent si facilement. Et une femme, ainsi que le destin l'a ordonné, a la première voix dans leur création. Mais il est douteux que Mary Hastings elle-même aurait pu expliquer pourquoi elle traitait Gray de la sorte. Il est divinement décrété qu'on ne peut pas demander à une femme de s'expliquer à un homme.

Gray hésita, à moitié décidé à rechercher Sir Lionel et à demander que la jeune fille soit gardée à Ansichow . Réalisant que cela ne servirait à rien, il retourna à sa tente à l'autre bout de la ville. Mirai Khan n'était pas là.

Il fallut trois bonnes heures avant que les Kirghizes n'apparaissent. Trois heures pendant lesquelles Gray fumait d'un air maussade. Mirai Khan avait des nouvelles.

"Venez, Excellence", observa-t-il d'un ton important. "Là-bas, c'est un spectacle que vous devriez voir. En vérité, c'est un beau spectacle."

Gray prit son chapeau et suivit son compagnon jusqu'à une butte, où les Kirghizes lui montraient la plaine.

À 800 mètres de là, une caravane d'une douzaine de chameaux en file indienne se frayait un chemin dans les dunes de sable, laissant dans son sillage une épaisse brume de poussière. Il pouvait voir à travers ses lunettes Sir Lionel et Ram Singh sur les bêtes de tête.

Vers la fin de la caravane , il aperçut Mary Hastings. Il pensait qu'elle se tournait et le regardait. Il ne pouvait pas en être sûr. Il regarda la silhouette légère avec son voile autour du casque solaire disparaître dans la poussière.

Puis il retourna silencieusement vers la tente, faisant signe à Mirai Khan de le suivre.

"Avez-vous les chameaux ?" » demanda-t-il alors qu'ils étaient assis sur le tapis en lambeaux qui formait le sol de la tente.

"Non, Excellence. Les chameaux ne peuvent pas être loués."

"Alors achète-les."

Mirai Khan bâilla et regarda son maître avec l'attention bienveillante du fataliste.

"Ce n'est peut-être pas le cas. Il n'y avait que huit chameaux à deux bosses à Ansichow , et l'Anglais les a troqués dès son arrivée, en échange de ses bêtes fatiguées. Il a bien payé."

"Eh bien, achète les chameaux qu'il a laissés."

" Ce serait une folie. Il faudra une semaine avant que ces huit-là puissent porter des fardeaux. Ils sont presque morts à cause d'un dur travail. L'Anglais ne les a pas épargnés. "

Gray fronça les sourcils d'un air méditatif. Il doit avoir des bêtes de somme, pour transporter au moins dix jours de réserve d'eau, avec la nourriture nécessaire. Le Gobi était une terre aride.

"Pensez-vous qu'une caravane de commerçants puisse visiter Ansichow , Mirai Khan ?"

"Peut-être. Dans une autre lune, ou peut-être trois ou quatre. Pourquoi devraient-ils venir dans ce tas de fumier dans le sable ?"

"Les coolies pourraient transporter nos fournitures, si nous les payions suffisamment." Gray savait que ce serait risqué ; mais il n'était pas en mesure de choisir. Le temps pressait. Mirai Khan sourit, montrant des dents jaunes et serrées.

"Non, Excellence. Une once d'or pièce ne permettra pas à ces Chinois de venir dans le Gobi."

"Les Kirghizes ?"

Mirai Khan plissa les yeux pensivement devant l'éclat du soleil sans la tente. "L'Excellence est-elle déterminée à entrer dans le Gobi ?"

"Oui."

"Ce que Dieu veut arrivera. Moi, Mirai Khan, je vous ai aidé à vous mettre en sécurité. Pendant dix jours , j'ai mangé la nourriture que vous avez tuée. Pour cette raison, je ferai une partie du chemin vers le Gobi. De plus, une tribu de Kirghizes devrait arriver ici d'ici quatre jours, venant de la steppe du nord. Il se peut que certains d'entre eux viennent avec nous. Je n'en sais rien.

"Quatre jours!" Grey gémit.

"De même, les hommes de cette tribu ne seront pas porteurs de fardeaux. Ce n'est pas leur coutume."

"Mirai Khan : pourquoi as-tu peur de la ville de Sungan ? Je pensais que tu étais un homme courageux."

La raillerie délibérée de Gray n'a pas produit son effet. Mirai Khan le regarda et cracha dans le sable.

"La région de Sungan est impure. C'est la loi du Prophète que personne ne doit toucher à ce qui est impur."

"Mais cela, vous ne le savez pas", s'écria l'homme blanc exaspéré. "Vous fuyez une ombre."

"Une ombre peut annoncer le mal. Mon père l'a dit, et c'est vrai."

Gray soupira. "Alors achète une demi-douzaine de mules. Elles pourront transporter nos provisions. Surveillez l'arrivée de la tribu dont vous avez parlé. Quand elles seront là, faites-le-moi savoir. En attendant, achetez des jarres d'eau, de la farine, du riz et du thé en quantité suffisante pour six hommes pour trois." semaines."

Le Kirghiz cligna des yeux avec compréhension.

"Il est écrit qu'un homme blanc ira dans le désert à partir d'ici", a-t-il reconnu. "Ce qui est écrit arrivera. Nos prêtres disent aussi qu'une tombe d'homme blanc attend dans le Gobi. Si cela arrive aussi, mes camarades et moi vous enterrerons, afin que les cerfs-volants ne fassent pas de bruit. repas de tes yeux - pour une fois tu m'as sauvé la vie.

Sur quoi le chasseur se retourna sur le côté et s'endormit, laissant Gray à ses propres pensées. Ils n'étaient pas joyeux.

Les Hastings étaient partis pour Sungan . Ils avaient des chameaux et passeraient du bon temps. Avec un peu de chance, s'ils échappaient aux tempêtes de sable noir, ils devraient être à destination dans sept ou huit jours. Pas étonnant, pensa-t-il, si Sir Lionel lui avait parlé franchement de l'inscription, lorsqu'il avait fait acheter tous les chameaux.

Les chameaux pouvaient se déplacer plus rapidement que les mules, sur de mauvais terrains. Gray partirait quatre jours – trois si les Kirghizes arrivaient rapidement – plus tard que Sir Lionel. Et il prendrait régulièrement du retard.

Si cela avait été possible, il serait parti seul. Mais il n'a pas pu transporter la nourriture et l'eau nécessaires pendant dix jours. Il réfléchit un instant à l'opportunité de continuer seul dès que les mules pourraient être achetées.

Ce plan, il le juge inutile. Mirai Khan lui avait assuré qu'il lui faudrait au moins deux jours pour récupérer les animaux et les fournitures nécessaires. De plus, il se retrouverait sans guide, car Mirai Khan ne démarrerait pas avant l'arrivée des membres de la tribu.

Ce serait une tentation providentielle qu'un seul homme s'aventure avec un chapelet de mules dans le Gobi. Même ainsi, Gray aurait pu tenter sa chance s'il avait eu un guide.

Il n'y avait rien d'autre à faire que d'attendre. Et Gray passait le temps du mieux qu'il pouvait, révisant son fusil et son petit stock de munitions, et emballant avec l'aide de Mirai Khan la nourriture que cette dernière lui avait achetée.

Le destin évolue de façon étrange. Si Gray avait commencé avant la fin des quatre jours, les événements survenus dans le Gobi auraient pris une forme différente. D'une part, il n'aurait pas vu les traces du chameau sauvage dans le sable.

Il n'aurait pas non plus entendu l'histoire de la pâle maladie.

Comme Mirai Khan le lui avait assuré, la tribu kirghize apparut à Ansichow le soir du troisième jour. Le chasseur emmena Gray dans leur *aul* près de l'endroit où se trouvait le campement de Sir Lionel.

Faisant office d'interprète, il haranguait les nouveaux arrivants. De plus, comme il l'a informé plus tard de l'Américain, il n'a pas traduit littéralement ce que Gray avait dit. S'il l'avait fait, affirmait-il, ils ne seraient pas entrés dans le Gobi.

La raison avancée par Mirai Khan semblait suffisante, car après un long débat, l'aîné de la tribu et deux chasseurs à l'air maléfique consentirent à accompagner Gray. Ils ont convenu d'y aller à pied. À la grande surprise des Américains, rien n'a été dit sur le retour en arrière.

Il leva le camp à l'aube et la cavalcade de mules sortit d' Ansichow avec Mirai Khan en tête. Le temps que le soleil perce la brume, ils étaient déjà dans les dunes de sable.

Il n'y avait pas eu de tempête de vent depuis que le Hastings était passé par là et Mirai Khan se contentait de suivre les traces des chameaux.

CHAPITRE XIV

TRACES DANS LE SABLE

C'était un travail monotone de gravir les dunes qui s'élevaient à leur rencontre hors de l'océan de sable. À cela s'ajoutait le sentiment d'isolement, jamais aussi grand que dans les déserts de l'Asie centrale. Il n'y avait ni oiseaux ni gibier à rencontrer. Une seule fois, ils ont touché l'eau. C'était leur troisième camp, et les traces des chameaux montraient que les Hastings avaient visité l'oasis.

En raison de l'altitude élevée, l'effort a affecté Gray ; mais il tira le meilleur parti de ce mal nécessaire et poursuivit son chemin. Le quatrième jour, ils perdirent la trace de l'autre caravane et Gray traça sa route à l'aide d'une boussole. Il savait que Sir Lionel avait prévu de frapper plein ouest.

C'est cette nuit-là qu'ils découvrirent les traces du chameau sauvage.

Gray s'était retiré de ses couvertures au lever du soleil et réchauffait ses membres raides au-dessus du feu que les autres avaient allumé – car le froid automnal se faisait sentir dans les nuits. Il trouva Mirai Khan et les Kirghizes excités.

Ils avaient vu des traces autour du campement.

Les chasseurs les montrèrent à Gray, qui crut d'abord que les empreintes étaient laissées par la caravane des Hastings. Mirai Khan lui a cependant assuré que les traces n'étaient pas là la veille au soir. De plus, les marques de sabots étaient plus petites que celles du chameau domestique et moins profondes dans le sable.

Mirai Khan lui montra où apparaissaient les traces, fit deux fois le tour du camp, puis partit à travers les dunes.

"C'est la marque d'un chameau sauvage, Excellence", dit-il. "De celui qui est venu nous regarder."

"Et pourquoi cela n'arriverait-il pas ?"

Mirai Khan gratta sa fine barbe, visiblement inquiet.

"C'est de bon augure", continua Gray, s'en apercevant. "Car grâce à ce chameau sauvage, nous pouvons avoir de la viande."

Il avait entendu dire que ces animaux, bien que rares, étaient parfois aperçus dans le sud de Gobi. Au-delà de souhaiter que ce chameau en particulier ait attendu que la lumière soit suffisamment bonne pour prendre une photo, Gray n'y prêtait pas attention. Ce n'est pas le cas des Kirghizes.

Les chasseurs se sont entretenus sérieusement avec Mirai Khan et semblaient réticents à continuer.

« Si vous voyez la bête, ajouta-t-il, impatient du retard, nous essaierons une tige. Il nous faut de la viande.

Mirai Khan grogna et cracha fermement.

"Je n'ai jamais abattu un chameau sauvage, Excellence. Mon père a dit que lorsque nous apercevons les traces d'un chameau, il est bon de revenir rapidement."

Intérieurement, Gray a envoyé l'esprit de l'ancêtre de Mirai Khan dans une autre région. S'approchant de l'attache du mulet de tête, il fit signe au Kirghiz de partir. Ils obéirent à contrecœur.

"Etes-vous des hommes ou des enfants ?" Il a demandé. "Vous n'aurez pas de salaire tant que nous n'aurons pas aperçu les ruines de Sungan ."

Il se demanda, tout en avançant péniblement, si ce discours n'avait pas été une erreur. Les Kirghizes étaient visiblement boudeurs. Mirai Khan était plus silencieuse que d'habitude. Gray remarqua que chaque fois qu'ils franchissaient une colline , il scrutait attentivement la plaine. Le comportement de ses guides à ce stade le laissa perplexe. Les Kirghizes étaient naturellement loin d'être des lâches. Certes, ils n'avaient ni crainte ni respect pour les Chinois d' Ansichow . Étant musulmans, ils étaient indifférents aux prêtres bouddhistes.

Pourtant, l'aperçu des traces de chameaux sauvages avait plongé ces hommes, chasseurs de naissance, dans une sorte de panique.

Gray y a renoncé. Il marchait d'un air maussade près de la mule de tête, réfléchissant à son échec – car il ne pouvait plus se cacher qu'il devait atteindre Sungan une bonne semaine après le Hastings – lorsqu'il aperçut Mirai Khan s'arrêter au sommet d'une dune. La silhouette du chasseur se raidit, alerte, comme un chien dressé qui regarde.

Gray gravit la pente jusqu'au côté de l'homme. Au début , il ne vit que les étendues brunes des dunes. Puis il localisa ce que Mirai Khan avait vu. Il leva et réorienta ses lunettes.

A quelque distance devant eux, un homme se dirigeait vers eux. C'était un homme blanc, à pied et marchant très lentement. Gray reconnut Sir Lionel Hastings.

Suivi par les Kirghizes, il s'approche de l'Anglais. Sir Lionel ne leva les yeux que lorsqu'ils furent à quelques pas. Puis il s'arrêta, chancelant de la lassitude de quelqu'un qui marche depuis longtemps.

Il était sans manteau, sans fusil ni casque solaire. Son visage maigre était marqué par la fatigue. La main qui cherchait ses lunettes trembla. Ses bottes et ses puttes étaient tachés de poussière.

"Est-ce vous, Capitaine Gray ?" » demanda-t-il avec incertitude.

"Oui, Sir Lionel. Quoi de neuf ? Où est la caravane ?" Gray était sur le point de demander Mary, mais il s'arrêta. "Vous aurez envie d'un verre. Ici——"

L'Anglais secoua la tête. Gray remarqua que son front chauve était rougi par le soleil ; que ses cheveux jaunes, habituellement bien entretenus, étaient devenus ternes à cause de la poussière.

" J'avais de l'eau, merci. Là-bas, près du tamaris. La caravane a campé là pour la nuit, il y a deux ou trois jours. Je ne me souviens plus lequel. " Il se tourna lentement sur son élan. "Viens."

Un moment de marche les conduisit aux quelques buissons et aux tamaris. Là, un puits avait été creusé. Sir Lionel refusa de monter sur l'une des mules, même s'il était visiblement épuisé. À l'époque, Gray était trop préoccupé pour s'en apercevoir, mais les Kirghizes — comme il s'en souviendra plus tard — parlaient ensemble sérieusement, regardant fréquemment dans leur direction.

L'Anglais bougeait automatiquement tout en parlant. Il marchait à force de volonté. Lorsque Gray, connaissant la force du soleil, plaça son propre chapeau sur la tête de l'homme, Sir Lionel le remercia machinalement.

C'était ce calme de l'homme qui perturbait profondément Gray. Il y avait quelque chose de désespérant et de désespéré dans ses mouvements ennuyeux. Gray, voyant à quel point il était malade, s'abstint de poser d'autres questions jusqu'à ce qu'ils soient assis dans le petit coin d'ombre. Les Kirghizes se retirèrent sur une butte voisine avec leurs fusils.

"C'est près d'ici que nous avons découvert des traces de chameaux, des traces de chameaux sauvages."

Les mots ont surpris Gray, venant s'ajouter à la dispute avec Mirai Khan ce matin-là.

"Avez-vous perdu la caravane ?" il s'est excalmé. "Bon Dieu, mec ! Où est Mary ?"

"J'ai perdu la caravane", a déclaré Sir Lionel. "Et Mary aussi."

Une terreur soudaine tira sur le cœur de Gray.

"À Sungan ."

Sir Lionel leva les yeux vers l'Américain et Gray vit la douleur se refléter dans ses yeux enflammés.

« Était-elle avec Ram Singh ?

"Ram Singh est mort."

"Les autres?"

"Tué. Je ne pense pas que Mary ait été tuée."

Gray inspira profondément et resta silencieux. Depuis la butte, les chasseurs observaient attentivement.

"Je vais vous dire ce qui s'est passé." Sir Lionel passa la main sur ses yeux. "Le soleil… je suis plutôt mal fait. Pas de nourriture depuis deux jours. Non…" alors que Gray commençait à se lever. "Je n'ai pas faim."

Il s'allongea sur le sable, les yeux fermés. Son visage était tendu par l'effort qu'il faisait pour parler. Pourtant, ce qu'il a dit a été prononcé clairement, avec une brièveté militaire.

"La nuit après avoir aperçu les traces de chameaux, nous avons été attaqués en force. Je pense que c'était il y a quatre nuits. Il y avait un croissant de lune. Bien sûr, j'avais posté des sentinelles. Elles ont donné l'alarme. Il y a eu une action rapide."

"Qui t'a attaqué ?"

"Ram Singh a dit qu'il s'agissait peut-être d'un groupe de Kirghizes errants. Nous ne les avons pas vu clairement sous un mauvais jour. Chose étrange. Ils semblaient être à pied. Lorsqu'ils ont battu en retraite, après avoir échangé des coups de feu, nous avons regardé par-dessus le sol. Aucune empreinte de pas. Seulement des traces de chameaux. Et ils ont emporté leurs blessés.

Gray se demanda brièvement si l'esprit de Sir Lionel avait été affecté par le soleil. Mais l'Anglais parlait rationnellement. De plus, Mirai Khan avait été alarmée lorsqu'ils avaient aperçu pour la première fois les empreintes dans la terre.

"Nos guides - les Dungans , vous savez - ont dit que les assaillants étaient des gardes de Sungan . Nous ne les avons plus revus. Tard dans l'après-midi suivant, un *kara buran* est passé devant nous. Nous avons dressé nos tentes lorsque le vent est devenu violent, à l'intérieur du cercle de nos bêtes. Lorsque la tempête s'est dissipée, j'ai aperçu à travers mes lunettes les tours de Sungan . »

Sir Lionel leva les yeux avec un léger éclair de triomphe.

"J'avais raison. Sungan est une ville en ruines, ensevelie sous le sable. Seules les tours sont visibles de loin. Nous étions à environ 800 mètres des ruines les plus proches."

Il soupira en fronçant les sourcils. Il parlait calmement. Gray connaissait l'état d'épuisement qui engendre la lassitude, lorsqu'une longue exposition au danger ou la précipitation d'événements soudains émoussent les nerfs.

"C'était le crépuscule lorsque Mary et moi avons commencé à marcher vers les tours, avec deux domestiques. J'avais hâte de mettre les pieds dans les ruines. Et j'ai effectivement atteint les premiers tas de débris. Vous ne l'oublierez pas, n'est-ce pas, " Vieil homme ? J'ai été le premier homme blanc à Sungan . "

Gray hocha la tête. Il sentit à nouveau le zèle qui avait attiré aveuglément Sir Lionel au cœur du Gobi. Et avait peut-être sacrifié Mary à la fierté du scientifique. Mais il ne pouvait pas accuser l'homme fatigué devant lui d'une erreur passée.

"Vas-y," dit-il sombrement.

"Il faisait tard le crépuscule. J'ai oublié d'ajouter que nos Dungans ont déserté après la première escarmouche. Effrayés, je suppose. Eh bien, Mary et moi avons failli courir vers les ruines. Elle était aussi heureuse que moi de notre succès - ce que nous pensions être notre " Jusqu'à présent, nous n'avions vu aucun être humain dans les ruines. Il y avait cependant de nombreuses traces et de la végétation qui indiquaient la présence de puits. "

"Puis Mary et moi avons découvert le Wusun." Sir Lionel rit soudain, durement. Il a immédiatement pris le contrôle de lui-même. "Ils sont venus, ces habitants de Sungan , de derrière les tas de pierres et de ce qui semblait être des trous dans le sol. Comme je l'ai dit, il était tard dans la soirée et je ne pouvais pas bien voir leurs visages. Pourtant, j'ai vu... "

Il se retint et se tut, comme s'il réfléchissait. Gray devina qu'il pensait mieux à ce qu'il allait dire.

"Ils n'étaient pas armés, capitaine Gray, mais en force considérable. Ils couraient en avant d'un pas lourd, comme des animaux. Ils étaient vêtus de bandes de peau de mouton crasseuses, qui dégageaient une odeur nauséabonde. J'avais mon revolver. Pourtant, j'hésitais à le faire. abattez ces mendiants désarmés. Ils n'ont pas répondu à mon salut qui a été lancé en persan, puis en turc.

"Voyant qu'ils étaient manifestement hostiles, j'ai commencé à tirer. Ils sont venus avec obstination, apparemment sans crainte d'être blessés. Et mes deux hommes ont couru. L'un était un garçon courageux, le capitaine Gray, un homme qui était avec moi depuis plusieurs années. Pourtant, il a jeté son fusil et s'est enfui. J'ai vu deux des hommes de Sungan l'abattre.

Gray frissonna involontairement, pensant à la fille que Sir Lionel avait amenée ici.

"Je ne comprends pas pourquoi c'est arrivé", observa plaintivement l'Anglais. "Nous n'avions donné aucune raison à ces hommes de nous attaquer. Je crois que ce n'étaient pas les mêmes types qui nous ont précipités la nuit précédente. D'abord, ils n'avaient pas d'armes. Il y avait des femmes parmi eux. Ils m'ont donné l'impression d'être des chiens, chassant en meute. Ils devaient nous attendre à couvert.

« Qu'est-il arrivé à la caravane ?

"Se sont précipités. Les Sungan sont arrivés avant que Mary et moi puissions gagner le camp. Nos garçons ont été surpris. Seuls quelques coups de feu ont été tirés. Les chameaux ont pris peur et ont couru à travers les tentes. J'ai vu Ram Singh et un autre essayer de sortir. avec des fusils de rechange. Le Sikh, qui avait le grade de Fusilier, tirait avec une grande précision. Mais les Sunganis se sont interposés entre nous et je l'ai vu descendre en combattant sous une meute d'hommes. Mary et moi nous sommes détournés et avons essayé de nous échapper. les dunes de sable. »

Sir Lionel se souleva en chancelant sur un coude.

"Ne pensez pas, capitaine Gray, que j'ai abandonné Mary de ma propre volonté. Il faisait alors nuit. Nous pouvions entendre les hommes nous chasser à travers les dunes. Un groupe d'entre eux est descendu sur moi depuis une pente. Mon revolver a été vidé par " Puis. J'en ai renversé un ou deux et j'ai appelé Mary. Elle n'a pas répondu. Ils l'avaient emmenée. S'ils l'avaient tuée, je serais tombé sur son corps. Mais elle était partie. "

"L'as-tu entendue t'appeler ?" » demanda Gray entre ses lèvres serrées.

"Non. C'est une fille courageuse. En la recherchant, je suis passé hors de vue des hommes qui me poursuivaient. Je ne pouvais pas rester là, car ils traçaient mes empreintes. Ils ont un talent étrange pour cela, Capitaine Gray. Comme je l'ai dit, ils m'ont rappelé des chiens.

Il regarda son compagnon, le désespoir se reflétant dans ses yeux fatigués.

" Après cela, j'avais deux alternatives : rester près de Sungan , sans armes, ou revenir, dans l'espoir de vous rencontrer. Je savais que vous suivriez probablement nos traces aussi loin que vous le pourrez. Peut-être apercevrez-vous ce pinceau. Je Je suis revenu ici. Il y a peu de temps, j'ai aperçu la poussière de votre caravane.

Gray restait silencieux, cassant de petites brindilles du buisson sous lequel ils étaient assis et les jetant loin de lui pendant qu'il réfléchissait. L'histoire de Sir Lionel était pire que ce à quoi il s'était attendu. Mary Hastings se trouvait dans les ruines de Sungan . Elle pourrait même être morte maintenant. Il chassa cette pensée par un effort de volonté.

Toute la force de ses sentiments pour la jeune fille l'envahit. Depuis la nuit où ses serviteurs l'avaient arrêté dans l' *aoul* , elle était dans ses pensées. C'était ce sentiment, cet amour contraignant qui incombe parfois à un homme aux habitudes solitaires, dont le caractère ne lui permet pas de le montrer, qui l'avait amené à la mettre en garde contre l'entrée dans le Gobi. Et c'était cela qui l'avait poussé à la suivre avec toute la hâte possible.

Maintenant, la caravane des Hastings avait été anéantie et Mary était entre les mains des hommes de Sungan .

"Nous allons commencer tout de suite", dit-il doucement. "Enfin, si tu t'en sens capable."

L'Anglais se réveilla avec effort et essaya de sourire.

"Je suis plutôt bien habillé, j'en ai peur, capitaine Gray. Mais mettez-moi sur une mule, vous savez. Je m'en sortirai assez bien." Gray savait qu'il mentait et s'est réchauffé au courage de l'homme. "Je ne dois pas te retarder."

"Nous devrions être aux ruines dans trente-six heures."

"Bien ! Où est la mule——" il s'interrompit alors que Mirai Khan apparaissait à côté d'eux.

"Excellence!" Les yeux du Kirghiz étaient écarquillés d'excitation. "J'ai vu des hommes armés de fusils s'approcher des deux côtés."

"Amenez vos mules dans les broussailles, capitaine Gray", dit rapidement Sir Lionel. " Et placez vos hommes derrière les caisses des magasins. Vous me pardonnerez de donner des ordres ? Ce sont sans doute les mêmes gaillards qui ont échangé des coups de feu avec nous un peu plus loin. Si vous avez un fusil en réserve... "

L'Américain lui tendit la pièce en bandoulière, avec la cartouchière de cartouches. Les chasseurs kirghizes conduisaient déjà les mulets vers les broussailles.

CHAPITRE XV

UN DERNIER CAMP

Gray n'avait aucun moyen de savoir qui étaient les nouveaux venus, mais l'expérience lui avait appris la valeur d'un front armé face à un élément inconnu. Et l'histoire de Sir Lionel avait excité ses plus graves craintes.

ordres vifs des Américains, les mahométans déchargeèrent les animaux et les attachèrent près du puits. Les provisions qu'ils transportaient jusqu'aux buissons extérieurs. Mirai Khan amorça son chargeur par la culasse avec résignation.

"J'ai dit que les traces de chameaux sauvages n'étaient pas un avertissement ?" murmura-t-il dans sa barbe. " De même, il est écrit que la tombe d'un homme blanc sera creusée ici dans le Gobi. Ce qui est écrit, vous ne pourrez pas vous échapper. Vous auriez pu faire demi-tour, mais vous ne l'avez pas fait. "

"Prenez un homme", ordonna Gray sèchement, "et surveillez le côté est des broussailles."

"Une bonne idée", approuva l'Anglais qui avait persuadé l'un des chasseurs de placer devant lui le rouleau de la tente. Il posa froidement le fusil sur le paquet de toile. "Nous devons repousser ces types avant de pouvoir avancer." Il fit un signe de tête calmement à Gray.

Gray laissa l'un des chasseurs avec Sir Lionel, connaissant bien la valeur de la présence d'un homme blanc parmi les Kirghizes. Il prit lui-même l'autre côté du triangle, vers le nord. La butte se trouvait sur une crête qui s'étendait à peu près plein est et ouest. Les crêtes de sable les plus proches se trouvaient à environ deux cents mètres. Derrière eux, il pouvait voir parfois un canon de fusil ou une casquette en peau de mouton.

Grâce à cet arrangement, au moins trois fusils pourraient être amenés à porter dans n'importe quel quartier où une ruée pourrait être déclenchée ; de même, ils pouvaient surveiller tous les points menacés. Mais leurs adversaires semblaient peu enclins à tenter une telle tactique. Ils restèrent cachés derrière les dunes, entretenant un feu dispersé mal dirigé vers le groupe d'hommes dans les broussailles.

Cela a causé de petits dégâts. Les Kirghizes, une fois l'affaire mise en cause, se révélèrent d'excellents tireurs et rendirent autant qu'ils recevaient. Gray, qui observait depuis son poste sous un buisson, crut que deux ou trois tirs de Mirai Khan avaient fait effet. Lui-même n'a pas tiré. Un automatique est conçu pour un tir rapide à courte portée, pas pour un tir délicat.

Mais Sir Lionel était chez lui avec un fusil. En jetant un coup d'œil sous le tamaris, Gray le vit ajuster calmement ses lunettes, viser une cible, appuyer sur la gâchette, puis regarder par-dessus son abri pour voir si son effort avait été couronné de succès. L'Anglais avait manifestement déjà vu l'action auparavant – à de nombreuses reprises, devina Gray, en jugeant l'homme.

"Une reconnaissance en force, devrais-je l'appeler, vieil homme", lui répondit l'Anglais. "Je pense que nous sommes en sécurité ici. Mais le retard est dangereux."

Il s'arrêta pour tenter une photo instantanée de la dune d'en face. Gray scruta le sol devant lui, fronçant les sourcils. Il savait que Sir Lionel était aussi impatient que lui de partir pour Sungan . Il n'y avait aucune aide, à moins que l'attaquant ne puisse être repoussé.

Gray avait réfléchi à la question. Leurs adversaires semblaient être un petit groupe et ils avaient subi au moins trois ou quatre victimes au cours de la première heure. La force de Gray était toujours intacte.

D'après ce qu'il pouvait distinguer, les hommes derrière les dunes étaient des Chinois – des Chinois frontaliers et mal armés. Pourquoi ils l'ont attaqué, il ne le savait pas. Mirai Khan l'avait pris pour acquis.

« Quiconque pénètre dans cette partie du Gobi semble être destiné à être exécuté », pensa-t-il sombrement. "Si c'est le cas, on peut y jouer à deux. Et il faut commencer avant la nuit."

Prudemment, il se faufila dans les buissons du côté tenu par Mirai Khan. A cet individu, il confia ce qu'il avait en tête. Les Kirghizes s'y opposèrent catégoriquement au début. Mais lorsque Gray lui assura que s'ils ne faisaient pas ce qu'il avait prévu, la nuit les surprendrait sur la butte et qu'ils seraient incapables de résister à une ruée, il céda.

« Si Dieu le veut, murmura-t-il, nous pouvons le faire. Et je ne pense pas que je mourrai ici.

Bénissant pour une fois le fatalisme de son guide, Gray convoqua l'un des chasseurs. Il sortit de sa ceinture un chargeur de cartouches de rechange et le prit dans sa main gauche. Cela fait, il fit un signe de tête aux deux Kirghizes, se redressa et courut le long de la crête, du côté opposé à Sir Lionel.

La manœuvre a surpris leurs ennemis. Un ou deux coups de feu furent tirés sur les trois hommes alors qu'ils couraient le long de la dune et gagnaient le sommet derrière lequel les Chinois s'étaient réfugiés. Gray vit quatre ou cinq hommes se lever précipitamment et commencer à fuir.

Il actionna quatre fois la gâchette de son automatique, en comptant soigneusement. Un tir précis est plus une question de sang-froid que d'habileté. Deux des Chinois tombèrent à terre ; un autre chancela et courut en boitant. Les survivants récupérèrent les deux blessés et disparurent dans les dunes.

" *Hai !* " grogna Mirai Khan avec joie, " voilà le petit pistolet qui parle en plusieurs langues. En vérité, je n'ai jamais vu... "

"Suivez ces hommes", ordonna sévèrement Gray. "Veillez à ce qu'ils continuent à fuir." Faisant signe à l'autre Kirghiz, il traversa la crête au trot et se dirigea vers l'autre côté. Ici, il a été confronté à un feu diffus qui a soulevé de la poussière, mais n'a causé aucun dommage.

Les Chinois de ce côté-ci du bastion des hommes blancs avaient appris le sort de leurs semblables et n'attendaient pas l'arrivée du « pistolet aux nombreuses langues ».

Gray vit une demi-douzaine de personnages fondre dans les dunes et vida son arme automatique sur eux, tirant au hasard. Il pensait qu'au moins un de ses tirs avait fait effet. En avançant, lui et les Kirghizes, qui avaient acquis une énorme confiance grâce à l'affichage de l'automatique, repoussèrent leurs assaillants sur une certaine distance. Lorsque les Chinois furent hors de vue, Gray retourna précipitamment vers la butte.

Là, il trouva Sir Lionel assis, le dos contre le rouleau de toile, avec les Kirghizes excités.

"La voie semble libre", observa Gray. "Nous pouvons partir——"

L'Anglais toussa et essaya de sourire. "Je reste ici, j'en ai peur", objecta-t-il. "C'est ma malchance, Capitaine Gray. Un des mendiants m'a frappé lors de cette dernière volée. Un coup fortuit."

Il montra sa poitrine, où il avait ouvert la chemise. Le tissu a été déchiré par la balle. « J'ai touché le poumon, vous savez » – encore une fois, il toussa et cracha du sang – « gravement ».

Gray procéda à un examen hâtif de la blessure. Il saignait peu vers l'extérieur ; mais une hémorragie interne s'était installée.

"Nous devrons vous ramener à Ansichow ", dit-il avec une gaieté forcée. "Une litière de mulet et celle d'un Kirghize feront l'affaire."

"Non, ce ne sera pas le cas, vieil homme." Sir Lionel secoua la tête. "Je n'y arriverais jamais. Une journée de voyage me fatiguerait. Je resterai ici."

Mirai Khan, qui avait rejoint le groupe, prit ses compagnons à part et leur parla sérieusement. Gray a fait ce qu'il pouvait pour mettre l'Anglais à l'aise. Aidé des chasseurs qui travaillaient à contrecœur, il fit monter la tente et déposa le blessé sur une couverture, où il fut protégé du soleil par la toile.

Ceci fait, il remplit et alluma sa pipe et s'assit à côté de son ami, fumant d'un air maussade.

"Vous trouverez une cigarette dans la poche de ma chemise", dit doucement Sir Lionel. « Veux-tu l'allumer pour moi ? J'ai assez de poumon… pour fumer, et… » il s'éclaircit la gorge avec difficulté. "Merci beaucoup. J'ai quelque chose à te dire. Cela ne prendra pas… une minute. La fièvre s'est installée. Je dois parler. Dernier message, tu sais."

Il sourit avec les lèvres tendues.

"Etrange", a-t-il ajouté. "Je pensais que ça n'arrivait que dans les livres."

Gray observa les ombres ramper sur la butte et fronça les sourcils. Sir Lionel, il le savait, ne pourrait pas survivre un jour de plus. Avec la mort de son ami, il se retrouverait seul. Et il doit retrouver Mary Hastings. Il se demandait ce que l'Anglais voulait lui dire.

"Vous savez," commença l'autre, saisissant un moment où sa gorge était claire, "J'ai dit que j'avais vu les visages des hommes de Sungan . Ils avaient les mains sur moi, et je les ai vus près. Je ne l'ai pas dit. vous avez d'abord ce que j'en ai déduit.

Gray hocha la tête, pensant à la façon dont l'explorateur s'était interrompu au milieu d'une phrase dans son histoire d'il y a deux heures.

"N'oubliez pas, Capitaine Gray——" un éclair d'empressement passa sur le visage bronzé — "J'étais le premier à Sungan . Je veux que les hommes qui m'ont envoyé le sachent. Eh bien, les visages que j'ai vus étaient blancs - dans des taches."

Gray siffla doucement, rappelant les paroles de Brent. Le missionnaire avait déclaré que l'homme qu'il avait vu dans le Gobi était partiellement blanc. Mirai Khan avait également dit la même chose.

"Ces hommes, capitaine Gray, n'étaient pas des hommes blancs. Ils étaient atteints d'une maladie. Je l'ai vue trop souvent pour me tromper. C'est la lèpre."

Machinalement, Gray toucha sa pipe. Lèpre! Cette maladie, il le savait, provoquait la pourriture de la chair du visage et son blanchiment. Et la lèpre était courante en Chine.

" J'ai réfléchi, continua l'Anglais, en attendant d'apercevoir votre caravane. Il y a des lépreux dans les ruines de Sungan . C'est peut-être pour cela que l'endroit est isolé. Les Chinois ont des colonies de lépreux. "

"Oui," acquiesça Gray. Aucun des deux hommes n'a exprimé la pensée qui lui tenait le plus à l'esprit, à savoir que Mary avait été saisie par ces hommes. "Mirai Khan m'a dit que Sungan était un endroit impur. Les Kirghizes, qui sont relativement indemnes de la maladie, évitent Sungan . Delabar, mon compagnon, le craignait, je pense."

— Cela explique peut-être le mythe de la race blanche dans le Gobi. Et les gardes.

"Mirai Khan a dit que les hommes étaient amenés de Chine, de la côte, jusqu'aux sables de Sungan ", ajouta Gray d'un air sombre. "Mon Dieu, pourquoi ne nous ont-ils pas prévenus ?"

"Vous étiez prévenu, Capitaine Gray. Notre caravane a voyagé aussi secrètement que possible. Je—je n'ai prêté aucune attention à ce que disaient les Chinois. Ils ont leurs secrets. J'aurais dû être plus prudent. J'ai commis l'erreur de ma race. Un excès de confiance en traiter avec les indigènes. Je voulais être le premier homme blanc à Sungan .

Il fit une pause, attrapant une tasse d'eau que Gray lui avait remplie. L'Américain le regardait d'un air vide. Ainsi, le discours sur la maladie pâle s'était révélé être plus qu'une légende. Et il avait découvert la racine de la peur de Delabar à l'égard du Gobi. Pourquoi le scientifique n'avait-il pas dit en termes aussi explicites que Sungan était une colonie de lépreux ? Delabar savait sans aucun doute que Gray ne ferait pas demi-tour avant d'avoir constaté par lui-même la vérité sur l'affaire.

Wu Fang Chien avait-il raisonné dans le même sens ? Il était naturel que les autorités chinoises n'aient pas souhaité que l'Américain se rende dans l'une des colonies isolées de lépreux. Wu Fang Chien avait découvert la mission de Gray. Et le mandarin avait été prêt à tuer Gray afin de le garder loin de Sungan . L'Asiatique avait essayé d'empêcher l'homme blanc de pénétrer dans l'un des endroits cachés et infectés de la Mongolie. Était-ce la vérité ? Gray, navré par ce que Hastings lui avait dit, le croyait. Plus tard, il comprit mieux les motivations qui avaient motivé Wu Fang Chien.

"Rappelez-vous", continua Sir Lionel avec lassitude, "nous avons appris que les Wusun étaient captifs. La pierre elle-même - la borne que nous avons trouvée à Ansichow - le disait."

"Mais la pierre faisait référence aux Wusun comme aux conquérants."

"Une légende d'un siècle passé. Une autre énigme : celle de l'Asie. J'ai bien peur, capitaine Gray, que nous ayons échoué dans notre mission. Et cela a coûté... très cher." Il toussa et leva les yeux vers Gray. "Nous avons trouvé les lépreux de Sungan . Et nous les avons laissés prendre Mary. Je suis plutôt hors jeu. Et je préférerais mourir ici plutôt que dans une litière de mulet. Vous avez fait tout ce que vous pouviez pour moi. ".

Gray fit un geste de déni. Le courage de l'Anglais, confronté à une mort inévitable, suscitait son admiration. Le manque de vitalité, plus que la blessure, a rendu impossible la sortie vivante d'Hastings du Gobi. Sachant cela, Sir Lionel traitait sa propre situation avec autant d'indifférence qu'il aurait pu régler une question courante d'exercice militaire.

« Au début, je ne vous ai pas parlé des lépreux, poursuivit-il, parce que j'avais peur que vous n'ayez pas le courage de continuer. Je ne vous en voudrais pas. Mais je vous ai vu sous le feu des critiques – et je sais. mieux."

"Je m'en prends à Mary", dit Gray d'un air sombre.

Sir Lionel hocha la tête.

"Bien sûr. Pas beaucoup de chance ; mais... je suis content." Il toussa et s'essuya les lèvres. " Vous aviez raison, capitaine Gray. Elle... elle m'a raconté ce que vous avez dit à Ansichow . Je regrette qu'elle vous ait offensé. Je l'ai gâtée, vous savez. Une chère fille... " Sa toux le fit taire.

Gray cherchait ses mots et restait silencieux. Aucun des deux hommes n'aimait révéler ses sentiments.

"Mon insouciance a amené Mary à Sungan , Capitaine Gray. Maintenant, je vous demande de réparer mon erreur, si possible——"

"Excellence!" La tête hirsute de Mirai Khan est apparue entre les rabats de la tente. "Je dois te parler."

Gray sortit et trouva le Kirghiz renfrogné et mal à l'aise. Sur leurs visages, le soleil disparaissait sur la plaine du Gobi, teignant les collines nues et jaunes d'un pourpre profond. Un lézard brun traînait son corps loin des deux hommes, laissant la marque de son passage dans le sable.

" Excellence, l'heure de notre séparation est proche. Je ne vais pas plus loin. Je vous dois toujours la dette que je vous dois pour m'avoir sauvé la vie, mais... vous ne vous détournerez pas de Sungan . Écoutez, chasseur du puissant petit fusil. Je et mes camarades ont suivi les traces de nos ennemis. C'étaient des traces de chameaux.

"C'est absurde," grogna Gray. "C'étaient des hommes armés. Vous les avez vus."

"Et j'ai vu les empreintes dans le sable. Ce n'étaient pas des traces d'hommes, mais de chameaux. C'est une mauvaise chose quand les hommes ressemblent aux animaux. Mes camarades étaient remplis d'une grande peur. Ils sont repartis vers Sungan , prendre les mules, pour leur salaire... »

Gray jeta un coup d'œil rapide autour du campement. C'était vide, à l'exception de la tente.

« Ce qui est écrit ne peut être modifié », prononça sentencieusement le Kirghiz. " Les autres sont partis et je les suivrai. Dieu nous a interdit de rester dans ce mauvais endroit. Par amour pour toi, je t'ai laissé le fusil, appuyé contre le mur de la maison en drap, avec sa sangle. Si c'est ta volonté, tu peux me tirer dessus avec le petit fusil aux nombreuses langues, parce que je te quitte. Mais je pense que tu ne le feras pas. J'aurais pu partir sans que tu le saches.

Gray observa le chasseur d'un air maussade. Mirai Khan sourit affectueusement.

"Même si vous aviez menacé de nous tirer dessus, Excellence, nous n'aurions pas fait un pas de plus vers Sungan . L'endroit est sale. Et pourquoi devriez-vous nous tirer dessus - pour nous avoir sauvé la vie ? Mes camarades ont dit que bientôt vous serez mort, et n'avais pas besoin des mules, alors ils ont pris les animaux. Je ne sais pas si tu mourras ou non. Tu as l'esprit vif d'un mouton de montagne et le courage d'un tigre. Mais je crains beaucoup pour toi. Celui qui Est à l'intérieur--"

Mirai Khan montra la tente.

" Celui qui est à l'intérieur mourra ici. N'ai-je pas prédit qu'un homme blanc mourrait ? Mais vous continuerez, car les hommes de Sungan ont pris la femme blanche qui a réchauffé votre cœur. J'ai des yeux et j'ai vu votre amour. pour la femme. »

Gray se dirigea vers le fusil et l'inspecta. La chambre était vide et les cartouches avaient disparu de la bandoulière. Sir Lionel avait épuisé le petit stock de la ceinture. Gray n'avait pas de munitions de réserve. Wu Fang Chien l'avait pris. Il a remis l'arme à Mirai Khan.

"Je n'ai plus de balles pour ça", dit-il brièvement. "Prenez-le. Envoyez également un message au missionnaire blanc le plus proche derrière Ansichow . Racontez-lui ce qui s'est passé ici et que je pars ce soir pour Sungan . Demandez-lui de renvoyer le message dans mon pays, à cet homme."

Sur une feuille de papier déchirée d'un coin des cartes qu'il portait encore, Gray écrivit le nom et l'adresse de Van Schaick.

"Il sera fait comme vous dites", reconnut le chasseur en plaçant le papier à sa ceinture. "Le fusil est un bon fusil. Mais le petit aux nombreuses langues est meilleur. Souvenez-vous, nous aurions pu tomber sur vous dans la maison du tissu et prendre tout ce que vous aviez. Mes camarades souhaitaient le faire, mais je ne l'ai pas fait, car nous avons mangé du sel ensemble.

Mirai Khan leva la main en guise d'adieu, attrapa le précieux fusil et s'éloigna précipitamment en criant par-dessus son épaule : « Je dois rejoindre les chasseurs avant la nuit, sinon ils prendront la mule qui est à moi et me quitteront. dit, votre message sera envoyé.

Il disparut dans les dunes à l'est, ses pieds enveloppés de tissu bougeant sans bruit sur le sable. Gray le regarda partir. Il ne pouvait pas forcer les Kirghizes à poursuivre leur route vers Sungan . Même s'il essayait de le faire, il en avait vu suffisamment pour savoir qu'à partir de ce moment, Mirai Khan lui serait inutile.

Avant de retourner auprès de Sir Lionel, il fit le tour de la crête et inspecta les empreintes de pas là où étaient passés leurs ennemis de l'après-midi. Il aperçut un réseau d'empreintes curieuses, des marques de sabots larges et écartés. Parfois, il y avait une tache de sang.

Il était trop loin des attaquants pour remarquer leurs pieds — et trop occupé pour réfléchir à ce genre de choses. Mais, indéniablement, comme Mirai Khan l'avait dit, il n'y avait ici que des traces de chameaux et rien d'autre.

"Le diable!" il a juré. "J'ai certainement vu ces Chinois - et c'étaient des hommes. Probablement une astuce - cela a certainement assez bien fonctionné pour effrayer mes guides."

Il écarta l'affaire avec un haussement d'épaules et retourna à la tente.

« Quelque chose ne va pas ? demanda l'Anglais.

"Rien de nouveau", éluda Gray, peu disposé à affliger Sir Lionel avec la vérité.

"Alors tu partiras, j'imagine." Il parlait avec effort. "Je m'en sortirai bien ici — si vous remplissez mon pot d'eau et allumez la bougie que je vois à côté. Ne me laissez pas de nourriture — je ne peux pas manger, vous savez. Hémorragie désastreuse…"

Gray le laissa tousser et remplit le pot près du puits. Aussi sa propre gourde qui était accrochée à sa ceinture. Il alluma la bougie et la plaça dans le sable près de l'Anglais. Sir Lionel comptait les cigarettes posées à côté de la bougie.

"Ils dureront assez longtemps", murmura-t-il. "Fermez la tente, s'il vous plaît, quand vous sortez."

Comme si une main géante avait effacé la lumière, la tente devint plus sombre. Sir Lionel leva les yeux. « Coucher de soleil », murmura-t-il, « pas de défilé. Je resterai dans ma caserne.

Gray se détourna. Il pouvait voir que l'homme se donnait du courage pour être seul et rassemblait ses forces pour l'épreuve à venir. L'Anglais était tout à fait courageux.

L'Américain a ajusté les couvertures et a placé le reste de nourriture – quelques gâteaux de farine – dans sa chemise. Sir Lionel se força à sourire.

"Droite!" Il murmura. " Frappez plein ouest : le clair de lune vous indiquera les relèvements de la boussole. Faites attention aux ruines. Sachez que vous ferez sortir Mary, si cela peut être fait. Au revoir et bonne chance !
"

"Tu es un jeu !" s'exclama Gray involontairement. "Au revoir."

L'Anglais ajusta ses lunettes tandis qu'ils se serraient la main. "Rappelez-vous, plein ouest."

Gray jeta un coup d'œil en arrière alors qu'il fermait les rideaux de la tente et attachait les cordons des rabats. Sir Lionel s'allumait une cigarette à la bougie.

Ce fut la dernière fois qu'il vit le major Hastings. Sir Lionel est mort sans se plaindre, un homme courageux faisant son devoir du mieux qu'il pouvait.

CHAPITRE XVI

GRIS CONTINUE

Comme son ami l'avait prédit, Gray fut capable d'observer sa boussole au clair de lune, en moins d'une heure. C'était une nuit claire. Les étoiles étaient en force avec une trace de nuages blancs qui pendent au-dessus d'un plateau sec et élevé.

Sir Lionel était hors jeu, et avec lui les chasseurs kirghizes. Gray était seul pour la première fois depuis sa visite à Van Schaick le soir où il s'était engagé à retrouver le Wusun. Il sourit sinistrement en pensant à quel point les choses avaient changé.

Le voilà à la porte des Wusun, la race captive. Mais Sir Lionel ne leur avait pas trouvé ce à quoi Gray s'attendait. Une léproserie n'est pas une chose agréable à visiter. Et celui-ci était exceptionnellement bien gardé. Derrière ces gardes, dans les ruines de Sungan , se trouvait Mary Hastings.

Cette pensée rongeait le cœur de l'Américain depuis douze heures. La fille qu'il aimait – il ne pouvait pas plus se le cacher qu'il ne pouvait perdre de vue le Gobi – était parmi les lépreux. Était-elle vivante ? Il ne savait pas. Les gardes de Sungan ne semblaient pas trop miséricordieux . Mais pourquoi devraient-ils la tuer ?

Non, pensa-t-il, elle était en vie. Elle doit être en vie. Et elle attendait que de l'aide vienne. Elle aurait pu découvrir que son oncle s'était échappé lors du combat devant les ruines. Et elle savait que Gray arrivait à Sungan dans leur élan.

Ce que Gray allait faire après avoir trouvé la fille, il ne le savait pas. Il avait découvert depuis longtemps qu'une multitude de difficultés confondent et déroutent un homme. Il s'était entraîné à s'attaquer à une seule chose à la fois ; non seulement cela, mais penser à une seule chose. S'il retrouvait Mary, il aurait le temps de réfléchir à ce qui allait suivre.

La pensée de la jeune fille le poussait à avancer, de sorte qu'il lui était difficile de maintenir un rythme régulier. Mais il était conscient de l'inutilité d'une précipitation aveugle. Il avait une démarche régulière qu'il pouvait maintenir pendant des heures, une marche rapide qui laissait rapidement derrière lui les dunes.

Ces dunes, remarqua-t-il, n'étaient pas aussi hautes qu'au début. Le désert devenait plus plat, le sol plus dur. À certains endroits, la surface argileuse est apparue entre les crêtes de sable.

Gray n'essaya pas de manger. Il ne buvait pas non plus, sachant la folie de cela au début d'une marche. Avec le temps, il ferait les deux, pas maintenant.

La silhouette puissante de l'homme lui a permis de maintenir le rythme qu'il s'était fixé sans fatigue ni perte de souffle. C'était le secret du succès de Gray en tant qu'explorateur : sa gestion prudente de sa grande vitalité et son refus de s'inquiéter des problèmes qui l'attendaient dans le futur.

Lorsque la vision de Marie lui apparut alors qu'il observait les sommets des dunes argentés par le clair de lune, il l'écarta résolument. La dernière vue de la jeune fille – la silhouette élancée perchée avec désinvolture sur le chameau alors qu'elle s'éloignait après leur dispute – le tourmentait de temps en temps. Malgré lui, une corde elfique de la mémoire visualisait les yeux gris amicaux et le visage délicat de Mary Hastings.

Gray se mit à réfléchir à sa situation, réalisant qu'il avait désespérément besoin de toute son intelligence s'il voulait affronter Sungan et ses habitants.

Il y avait d'abord l'énigme des traces de chameaux qui avait effrayé Mirai Khan. Ces traces avaient été laissées par le groupe qui avait attaqué Sir Lionel et lui-même. Ils avaient été aperçus la veille.

Il était possible que les premières empreintes qu'ils avaient vues fussent celles d'un de leurs ennemis, et que cet homme avait porté la nouvelle de leur venue à ses compagnons. Il aurait été facile pour les hommes aux pieds de chameau – comme Gray les imaginait – de suivre son groupe sans être aperçus parmi les dunes. Ou bien, ils auraient pu suivre Sir Lionel.

Gray décida que c'était ce qui s'était passé. Les hommes aux pieds de chameau traquaient l'Anglais.

Cette déduction en a entraîné une autre. Le parti Hastings avait été attaqué. A défaut de les repousser, leurs assaillants auraient pu faire savoir leur approche à Sungan .

"Voyons ce que je sais", réfléchit Gray méthodiquement. "Pieds de chameau armés de fusils repoussés par la caravane de Hastings - envoyez des nouvelles à Sungan . Ambuscade préparée dans les ruines de Sungan pour Sir Lionel. Il y entre. Après une attaque par les lépreux, les pieds de chameau se lancent à sa poursuite, le traquant jusqu'au puits. , où ils nous engagent.

Les pattes de chameau constituaient alors une sorte de garde extérieure du Sungan . C'étaient de mauvais combattants et ils ne semblaient pas avoir de cœur pour leur travail. Les hommes qui avaient anéanti la caravane étaient d'un autre genre. Sir Lionel avait clairement déclaré qu'ils n'étaient pas armés. C'étaient des lépreux.

Il y avait alors une garde extérieure et une garde intérieure de Sungan . L'extérieur, composé d'une troupe de soldats indifférents, avait été aperçu par le missionnaire Brent. Le captif que ces gardes poursuivaient était sans doute un lépreux évadé de la colonie.

Brent avait-il été tué par les Chinois qui savaient ce qu'il avait vu ? Si c'est le cas, alors Mary——

Gray gémit à cette pensée et les muscles de sa mâchoire se contractèrent.

"J'ai dépassé les gardes extérieurs", se força-t-il à raisonner. "Mais il y a une chose qui appelle une réponse. Pourquoi les Chinois obligent-ils les lépreux à chasser les intrus ? Les pauvres diables ne sont pas de bons combattants. Pas meilleurs que les chiens dressés que Sir Lionel les imaginait. Ils doivent avoir un maître dur."

Il était bien entendu possible que les prêtres chinois, maîtres de Sungan, aient forcé les lépreux à attaquer la caravane comme dernière ressource, après que les hommes de Sir Lionel eurent repoussé les gardes extérieures. En Chine, la vie humaine a peu de valeur et celle d'un lépreux est une petite affaire. Une telle démarche serait conforme à la cruauté des prêtres, qui voyaient leur propre pouvoir et le prestige de l'ancien Bouddha décliner avec les avancées de la civilisation.

Il commençait à être physiquement fatigué, dans une certaine mesure. Cette lassitude croissante accablait ses pensées et ramenait l'image de Marie devant sa mémoire.

Il l'imagina telle qu'il l'avait vue pour la première fois : une silhouette élancée dans une tente lumineuse, maîtresse de serviteurs bien dressés. Gray l'avait aimée depuis le début. Il lui semblait que cela faisait longtemps. Comme il avait jamais adoré quoi que ce soit, il adorait la jeune fille.

Il n'y avait pas eu d'autres femmes dans sa vie. Il sourit tristement, réfléchissant à ses efforts maladroits pour aider la jeune fille. Et elle était désormais bien loin de son aide. Cela le consternait de constater à quel point il pouvait peu l'aider.

Avec un autre homme, cette peur aurait pu se transformer en précipitation imprudente ou en malédiction aveugle contre le sort qui était arrivé à Mary Hastings. Gray continua son chemin en silence, sans se presser, la flamme de son amour brûlant férocement.

De cette manière, il continuerait jusqu'à ce qu'il l'ait trouvée, ou ceux qui l'avaient emmenée. Il n'y avait pas d'alternative. Mirai Khan aurait dit que Gray était un fataliste, mais Mirai Khan ne connaissait pas l'âme d'un homme blanc.

"Si seulement je n'arrivais pas trop tard", pensa-t-il. "Je ne dois pas arriver trop tard. Cela ne pourrait pas arriver."

Gray n'avait pas de mots pour formuler une prière. Mais, faute de paroles, il priait néanmoins en silence tout en marchant.

Les étoiles se sont fanées. La lune avait disparu au-dessus de la plaine devant l'Américain. Les dunes passèrent du noir au gris et au brun alors que le lever du soleil montait derrière lui.

Gray s'assit sur une butte et sortit ses gâteaux de farine. Il les mâchait, certains d'entre eux, et les arrosait avec l'eau de sa gourde.

Sir Lionel avait-il vécu assez longtemps pour voir ce jour-là ? Gray ne le pensait pas. La prophétie de Mirai Khan avait porté ses fruits.

A quelques mètres de là, le crâne d'un animal – une gazelle, par les cornes – surgissait du sable. Gray l'observa tranquillement jusqu'à ce que le soleil brille sur l'os blanchi. Puis il se releva, étirant ses membres fatigués, et poursuivit son chemin.

En fin d'après-midi, il aperçut les tours de Sungan légèrement au nord de sa route.

En avançant, Gray scruta l'endroit à travers ses lunettes. Il se trouvait au sommet d'une crête à environ 800 mètres des tours les plus proches. Les ruines s'étendaient au centre d'une vaste plaine qui semblait être de l'argile plutôt que du sable.

Par intervalles, des bancs de sable s'étaient formés sur la plaine. Gray se demanda si c'était derrière eux que les lépreux avaient avancé sur la caravane des Hastings. Au centre de la plaine poussaient des arbres et des tamaris rabougris, indiquant la présence d'eau.

Dans cette végétation éparse, les ruines poussaient à travers le sable. Sir Lionel avait eu raison de penser que le sable du désert avait submergé la ville. Gray pouvait voir que seuls les sommets des murs effondrés étaient visibles – ceux et les tours qui faisaient vraisemblablement partie des palais et des temples de l'ancien Sungan . Même les tours étaient en ruine.

Ils semblaient être formés d'un grès rouge foncé, dont Gray savait qu'il se trouvait dans les contreforts du pays de Thian Shan, au nord. Il a estimé que les structures dataient d'au moins cinq ou six siècles. Il aperçut quelques portions de murs surmontées de créneaux. Et les tours, à travers les vitres, présentaient d'étroites embrasures au lieu de fenêtres modernes.

Cette vision lui fit remuer le pouls. Devant lui se trouvait l'ancienne cité des Gobi qui avait été la demeure d'une race puissante avant d'être envahie par l'avancée des sables. La caravane de Marco Polo avait dépassé ces murs. Le grand Vénitien avait parlé d'une ville ici, où aucun explorateur moderne n'en avait trouvé. Il l'avait appelé Pe- im .

Et dans les ruines, Mary Hastings vit peut-être encore, ayant désespérément besoin de lui.

Ce qui intéressait Gray surtout, c'étaient les gens du lieu. Il était trop loin pour les distinguer clairement, et seuls quelques-uns étaient visibles. Cela l'intriguait, car Sir Lionel avait parlé d'une « meute de lépreux ».

Il a pu voir que les gens étaient de deux sortes. L'un d'eux était vêtu d'un vêtement jaune clair ou marron. Plusieurs de ces hommes étaient debout ou assis sur des crêtes à l'extérieur des ruines. Gray devina qu'ils étaient des sentinelles.

De plus, il les croyait être des prêtres. Les autres portaient des vêtements plus sombres et apparaissaient de temps en temps parmi les ruines. Ils étaient – ou semblaient être, à cette distance – à la fois des hommes et des femmes.

La pensée de la jeune fille poussa Gray à agir. Il serait sage d'attendre la tombée de la nuit avant d'entrer dans la ville. Mais il ne pouvait se résoudre à tarder.

Il était raisonnablement sûr, d'après la conduite des hommes faisant office de sentinelles, qu'il n'avait pas encore été vu. Il n'avait prévu aucun plan d'action. Ce qu'il voulait faire, maintenant qu'il avait une idée du terrain, c'était s'adresser à l'un des hommes de Sungan , lépreux ou prêtre, et l'interroger sur la femme blanche faite prisonnière.

Mary était à Sungan depuis au moins trois jours et trois nuits. Les gens du lieu doivent sûrement la connaître. Une fois que Gray aurait une idée de l'endroit où elle était gardée, il pourrait continuer.

L'entreprise semblait presque désespérée. Comment pourrait-il entrer dans les ruines, trouver la jeune fille et la faire ressortir saine et sauve ? Que feraient-ils alors ? Comment allait-il traiter les lépreux, dont le contact risquait de provoquer une contagion ?

Mais il avait faim de revoir Mary – de savoir si elle était encore en vie. Il ne pouvait pas attendre la nuit pour apprendre cela. Il marqua mentalement la position des hommes les plus proches, remit les lunettes dans leur étui, desserra son automatique dans son étui et descendit de son guetteur derrière la crête.

"J'ai supprimé des sentinelles", songea-t-il sombrement, "mais pas de ce genre. Elles ne semblent pas être armées."

En fait, les hommes de Sungan n'étaient pas armés d'armes modernes. Mais ils disposaient d'un moyen de défense mortel contre la maladie qui entraînait une mort misérable à son contact.

Gray, pour une fois, a béni les dunes continues du Gobi. Il avançait prudemment, se tenant derrière les crêtes et se frayant un chemin de ravin en ravin, rampant parfois et n'osant pas lever la tête pour regarder à nouveau les sentinelles qu'il avait repérées.

Son sens de l'orientation était bon. Il avait rampé pendant la dernière demi-heure et le soleil était bien au-delà de midi lorsqu'il entendit des voix à une courte distance devant lui.

Enlevant son chapeau, Gray scruta le sable avec vigilance. Il constata qu'il était arrivé presque dans la ligne qu'il avait prévue. À une centaine de mètres de là, deux personnages étaient assis sur une hauteur. Ils portaient les robes jaunes qu'il avait remarquées pour la première fois.

Tandis qu'il regardait, l'un d'entre eux se leva et s'éloigna tranquillement vers les ruines. L'autre restait assis, la tête penchée sur ses bras croisés qui reposaient sur ses genoux. Il y avait quelque chose de résigné, presque désespéré, dans l'attitude de cet homme.

Gray attendit que le premier prêtre ait eu le temps de parcourir une certaine distance. Puis il se tortilla en avant, alerte.

Il n'avait aucun moyen de savoir que d'autres ne se trouvaient pas de l'autre côté de la crête, là où était assise la sentinelle. Mais il n'entendit plus de voix et, avant de partir, il s'était soigneusement assuré que ces deux-là étaient isolés.

Raisonnablement sûr de sa proie, Gray se déplaçait de pierre en pierre, de dépression en dépression. Une fois, l'homme leva les yeux, peut-être à cause d'un léger bruit. Puis sa tête retomba sur ses bras. Gray se leva et bondit silencieusement vers la crête.

Les yeux fixés sur la silhouette immobile du prêtre, il gagna le pied de la dune. L'homme se raidit et releva la tête, comme s'il avait senti un danger. Gray était désormais sous lui et tendit un bras puissant.

Sa main se referma sur un pied de sandale et il fit descendre le prêtre de son perchoir. L'autre main de Gray serra la bouche de l'homme, empêchant un tollé. Ils étaient protégés de la vue de Sungan par la crête, et l'Américain pensait que personne ne remarquerait la disparition du prêtre.

"Si tu cries, tu mourras", dit-il en chinois en s'agenouillant au-dessus de l'autre. Avec précaution, il retira sa main de la bouche du prêtre.

"Dis-moi…" commença-t-il. Puis : « C'est un homme blanc !

Il regarda le visage sombre et brûlé par le soleil et le crâne fraîchement rasé.

« Delabar, » dit-il lentement. "Professeur Arminius Delabar, sans barbe. Ne vous méprenez pas sur vos yeux, professeur. Maintenant, par tout ce qui est impie, que faites-vous ici dans ce singe ?"

CHAPITRE XVII

LA ROBE JAUNE

L'homme sur le sable restait silencieux, regardant Gray avec un étonnement vide. C'était Delabar, plus maigre et plus soucieux qu'auparavant. Rasé, toutes les lignes de son visage ressortaient, lui donnant l'apparence d'un crâne sur lequel était tendue une peau jaune, un crâne serti de deux yeux brûlants et hagards.

"Parle, mec," grogna Gray. "Et souviens-toi de ce que j'ai dit à propos de donner l'alarme. Je ne sais pas si ce costume est une mascarade ou non, mais... je ne peux pas me permettre de prendre des risques cette fois."

Delabar ne croisa pas son regard. Il s'allongea sur le sable, les doigts pinçant ses lèvres fines.

"Je ne peux pas parler", répondit-il d'une voix rauque.

"Vous pouvez. Et vous le ferez. Vous me direz ce que je veux savoir, cette fois. Vous m'avez menti auparavant. Maintenant, vous allez jouer franc jeu. Ce n'est pas une menace vaine. Je dois avoir des informations."

Delabar lui lança un regard fugace. Puis j'ai regardé autour de moi. Personne n'était en vue, car ils gisaient dans une poche dans le sable.

"Que veux-tu savoir?"

"Beaucoup de choses. D'abord, comment êtes-vous arrivé ici ? Je pensais que tous les hommes blancs étaient interdits."

"Wu Fang Chien", dit Delabar d'un air maussade. « Il m'a attrapé le lendemain de mon départ. Il a tiré sur le coolie et m'a fait amener ici.

"Qu'est-ce que ça veut dire ?" Gray hocha la tête avec mépris en direction de la robe jaune.

"Wu Fang Chien m'a puni. Il m'a forcé à rejoindre les prêtres bouddhistes qui agissent comme gardes de Sungan . Il ne voulait pas que je m'échappe de Chine. Ici, j'étais en sécurité sous ses hommes."

"Hm. Il vous fait suffisamment confiance pour vous placer parmi les sentinelles."

"Avec un autre homme. L'autre est parti assister à un concile des prêtres. Ma garde est terminée au coucher du soleil. Dans deux heures."

Gray scruta son ancien compagnon avec ses yeux plissés. Il a décidé que l'homme disait la vérité jusqu'à présent.

"Est-ce que ces chiens bouddhistes viendront te relever au coucher du soleil, Delabar ?"

"Non. Les prêtres ne veillent pas après la tombée de la nuit. Certains des lépreux en qui nous, Wu Fang Chien, pouvons faire confiance, font le tour."

"Est-ce que Wu Fang Chien contrôle ici, gouverneur de Sungan ?"

Delabar se lécha nerveusement les lèvres. La sueur apparaissait sur son front nu. "Oui. Autrement dit, le mandarin est responsable devant les autorités chinoises. Il a pour ordre d'éloigner tous les intrus de Sungan — à cause des lépreux."

Gray sourit sans gaieté.

« Vous dites que les prêtres montent la garde. Sont-ils armés ?

"Non. Pas avec des fusils. Quiconque tente de s'échapper d'ici est suivi et ramené par les gardes extérieurs – s'il ne meurt pas dans le désert."

"Je vois." Gray agrippa l'épaule de l'homme sur le sable. "M'avez-vous entendu dire que je voulais la vérité, pas des mensonges ? Eh bien, vous m'avez peut-être dit la lettre de la vérité. Mais pas la totalité. Une fois, vous avez dit 'nous' au lieu de Wu Fang Chien. De même, j'en sais assez. de méthodes chinoises pour être sûr que Wu ne punirait pas un homme blanc en l'élevant à la caste des prêtres. Tu caches quelque chose, Delabar. Quelle est ta véritable relation avec Wu ?

Delabar resta longtemps silencieux. Regardant au-dessus de lui, ses yeux marquaient et suivaient les mouvements d'un vautour qui tournait. Ses doigts fins tiraient sans cesse sur la robe jaune.

"Wu Fang Chien", dit-il longuement, "est mon maître. Il est l'émissaire des bouddhistes en Chine. Il a le pouvoir de vie et de mort sur ceux qui enfreignent les lois du Bouddha. Je suis l'un de ses serviteurs. "

Delabar se souleva sur un coude.

"Il y a dix ans, en Inde, je suis devenu bouddhiste, Capitaine Gray. Souvenez-vous, je suis d'origine syrienne. J'ai passé la majeure partie de ma jeunesse à Boukhara et à Kashgar , où j'ai subi l'influence des philosophes de la robe jaune. " J'ai reconnu les principes du Bouddha ; je me suis incliné devant les enseignements de l'ancien Kashiapmadunga et la sagesse qui est comme une lampe dans la nuit - qui brûlait devant votre Christ. Et j'ai abandonné ma vie au "monde de l'éclat doré". "'

Une note de tension se glissa dans ses paroles empressées. Les yeux sombres reflétaient un feu plus profond.

"J'ai renoncé aux convoitises terrestres, pour la vie céleste qui naît de la méditation incessante et de la contemplation du *Mahayana* . *J'ai été ordonné dans les* premiers ordres du sacerdoce. C'est à cette époque que les missionnaires étrangers ont commencé à entrer en force en Chine, Malgré le soulèvement des Boxers et la révolte des Tai-pings, les chefs du clergé voulaient des informations sur cette foi étrangère et sur les peuples d'Europe, ils voulaient savoir pourquoi les hommes blancs cherchaient à troubler l'âme ancienne de la Chine. "

Gray siffla doucement tandis que le caractère de Delabar devenait clair.

"J'ai été envoyé en Europe. Au début , je suis resté en contact avec le sacerdoce par l'intermédiaire de Wu Fang Chien. Puis est venu le renversement des Mandchous et de la république en Chine. Mais vous ne pouvez pas renverser la religion de huit cents millions d'âmes par un seul coup." *coup d'État* . Le sacerdoce détient toujours son pouvoir. Et il est toujours inviolable au contact de l'étranger.

Gray savait que c'était vrai. Les étrangers dispersés qui étaient entrés dans les villes côtières de la Chine et les missionnaires qui réclamaient quelques convertis dans l'empire du milieu ne représentaient qu'une poignée dans la grande masse des Mongols. A l'intérieur du pays, et dans toute l'Asie centrale et en Inde, comme au Japon, les sanctuaires de Bouddha, de Vishnu et le temple du Dalaï Lama n'ont pas été touchés. Et ici, pas sur la côte, se trouvait le cœur de la Mongolie. continua Delabar presque triomphalement.

« Wu Fang Chien, qui avait entendu la nouvelle par un serviteur chinois du Musée américain d'histoire naturelle, m'a fait savoir qu'une expédition était en cours d'aménagement pour explorer la Mongolie centrale. On m'a ordonné de me porter volontaire pour l'accompagner.

"Et vous avez fait de votre mieux pour détruire l'expédition", acquiesça Gray.

"Je vous aimais bien, Capitaine Gray. J'ai essayé de vous persuader de faire demi-tour. À Liangchowfu , il était trop tard. Lorsque vous vous êtes échappé de Wu Fang Chien là-bas, il m'a tenu pour responsable de l'échec. Le clergé ne m'a jamais pleinement fait confiance."

"Dans ma religion", dit Gray sombrement, "il y a un dicton selon lequel un homme ne peut pas servir deux maîtres et sauver sa propre âme."

Delabar frissonna.

"Le sacerdoce," marmonna-t-il, "ne pardonnera pas l'échec. Wu Fang Chien me surveille. Vous ne pouvez rien faire ici. Retournez, avant que nous soyons vus ensemble. Sungan n'est rien d'autre qu'une colonie de lépreux. Vous avez été idiot de penser sinon."

« Et le Wusun ?

"Lépreux ! Il n'y a qu'eux ici, à part les prêtres."

Les yeux de Gray se durcirent.

Sungan , la caravane anglaise et moi-même ? " Il capta et maintint le regard surpris de Delabar. "Où est Mary Hastings ?"

"Je... qui est-elle ?"

"Tu sais, Delabar. La fille qui est venue avec la caravane. Elle a été faite prisonnière. Où est-elle ?"

"Je ne sais pas."

Gray toucha significativement son automatique.

"Je veux savoir," dit-il doucement. "Et tu peux me le dire. C'est plus important que ma vie ou ta misérable existence. *Où est Mary Hastings ?* "

Delabar se recroquevillait devant le dessein mortel qui se lisait dans les yeux de l'homme blanc.

"Je ne sais pas, Capitaine Gray. Wu Fang Chien a ordonné que lorsque la caravane serait attaquée, elle lui soit amenée. Pas tuée, mais emmenée. Certains prêtres l'ont saisie et l'ont emmenée dans l'un des lieux intérieurs. tribunaux de la ville. À l'époque, Wu Fang Chien dirigeait l'attaque contre la caravane. Je ne l'ai pas revue depuis.

« Où est cette cour intérieure ?

"Tu es un imbécile. Tu ne peux pas entrer dans les ruines sans être vu. Wu Fang Chien serait heureux de te voir. Je l'ai entendu dire que si la fille était épargnée, tu viendrais ici après elle. Il savait tout ce qui s'était passé. à Ansichow ———"

"Alors elle est vivante !" Le pouls de Gray s'accéléra. " Alors mon ami Wu garde la fille comme appât pour ma venue. Un homme intelligent, Wu Fang Chien. Mais comment a-t-il su que Sir Lionel m'avait raconté ce qui s'était passé à Sungan ? "

"L'Anglais a été suivi jusqu'à l'endroit où il vous a rencontré. S'il avait été tué dans les combats ici, je pense que Wu Fang Chien avait prévu de m'envoyer pour vous amener ici———"

"Oui, il est intelligent." Gray étudia la question avec des sourcils froncés. " Alors Wu veut me tuer, maintenant que je suis arrivé jusqu'ici — comme il l'a fait avec les hommes de la caravane ? Regardez ici ! Sait-il que je suis près de Sungan ? Avez-vous été mis ici comme... appât ? "

"Non," Delabar secoua la tête. "Les hommes qui ont été envoyés pour vous attaquer - les soldats chinois engagés par Wu Fang Chien - ont perdu votre trace. Wu Fang Chien ne sait pas encore où vous êtes. S'il devait vous trouver ici en train de me parler, ce serait mon " La mort. Je... j'ai trop appris sur le sort des Hastings. Oh, ils étaient des imbéciles. Pourquoi votre peuple voudrait-il fouiller dans ce qui leur est caché ? Retournez ! Vous ne pouvez rien faire pour la jeune fille. "

Gray regarda le bouddhiste avec curiosité.

"Tu n'as pas appris grand-chose de la décence grâce à ta religion, Delabar. Alors les gardes extérieurs n'ont pas réussi à s'en sortir, hein ? Au fait, comment se fait-il qu'ils laissent des traces de chameaux dans le sable ?"

"Ils portent des sabots de chameaux au lieu de chaussures. Des sabots coupés sur des chameaux sauvages morts que les chasseurs chinois tuent pour notre nourriture, pour les lépreux. Cela les aide à marcher sur le sable et mystifie les Kirghizes errants. Pourquoi voulez-vous jeter ta vie loin———?"

"Je ne sais pas." Gray s'assit et sortit quelques-uns de ses gâteaux à la farine. "Je veux sortir de Sungan avec une peau entière et avec Mary Hastings." Il mâchait calmement les gâteaux, arrosant les bouchées avec l'eau de sa gourde. "Et je vais entrer dans les cours intérieures de Sungan . Tu vas me guider. Si nous sommes découverts, souviens-toi que tu seras le premier homme à mourir. Maintenant, Delabar, je veux une bonne description de Sungan , son plan général et les habitudes de vos amis bouddhistes.

CHAPITRE XVIII

BASSALOR DANEK

La nuit tombe rapidement après le coucher du soleil sur la plaine de Gobi. Attendant que les ombres dissimulent leurs mouvements, Gray et Delabar se dirigèrent vers la ville de Sungan .

La lune n'était pas encore levée. En restant à l'intérieur des buissons qui poussaient densément à proximité, Delabar a pu échapper à l'observation d'un passant fortuit. L'homme était visiblement effrayé ; mais Gray ne lui laissa aucune occasion de s'enfuir.

"Tu resteras avec moi jusqu'à ce que je voie Mary Hastings," murmura-t-il en guise d'avertissement.

Un plan se dessinait dans l'esprit de l'Américain, un plan basé sur ce que Delabar lui avait dit de la disposition des bâtiments de Sungan . Les lépreux, il le savait, vivaient dans les ruines extérieures, où il les avait vus cet après-midi-là. Au centre de la plaine de Sungan , dit Delabar, se trouvait une dépression d'une étendue considérable. Ici se trouvaient les temples et les palais dont il avait vu les tours.

Cette vieille ville était entourée d'un mur. Delabar dit qu'elle était occupée par les prêtres. Et c'est là que l'on pourrait trouver Mary Hastings. C'était une supposition ; mais une supposition valait mieux que rien.

Lorsqu'ils arrivèrent aux premiers tas de pierres, Gray arrêta son guide.

"Tu m'as dit une fois," murmura-t-il, "que Sungan possédait une série de passages souterrains. Emmène-moi là-dedans."

"Par les habitations des lépreux ?"

Gray acquiesça silencieusement. Delabar frissonnait – un de ses vieux trucs quand il était nerveux.

"C'est de la folie, Capitaine Gray !" il a bavardé. "Vous ne savez pas--"

"Je sais ce que tu m'as dit. De même , tu ne veux pas que j'entre dans ces temples. Sortez !"

Delabar jeta un regard désespéré autour de lui et se dirigea vers les buissons. Un jour, l'Américain aperçut la lueur d'un feu et aperçut un groupe de lépreux accroupis près d'un brasier dans lequel ils faisaient griller de la viande. Au bord du feu, des chiens affamés étaient accroupis.

Ils arrivèrent à une excavation creusée dans le sol, bordée de pierre. Delabar montra des marches qui descendaient dans l'obscurité.

"Un vieux puits", murmura-t-il. "C'est sec, maintenant. Un passage part de là et mène aux bâtiments intérieurs."

Il semblait familier avec le chemin et Gray le suivit de près. Les marches descendaient sur une certaine distance, l'air devenant plus frais. Ils s'arrêtèrent sur ce qui semblait être une plateforme en pierre.

— Voici l'entrée du passage, murmura Delabar. "Il servait à transporter l'eau jusqu'au temple."

Gray posa sa main sur l'épaule de l'homme et le poussa en avant, s'assurant par la même occasion que l'autre ne profitait pas de l'occasion pour s'enfuir. Il n'avait pas confiance en Delabar. Il était convaincu que les bouddhistes n'avaient pas pris les choses au clair. D'une part, il était curieux de savoir pourquoi les prêtres prenaient des précautions aussi élaborées pour protéger les lépreux. Ailleurs en Chine, il n'existait pas de colonies telles que Sungan .

Pourquoi des gardes armés étaient-ils postés autour de Sungan ? Pourquoi les lépreux ont-ils été exclus de la ville fortifiée ? Où était Wu Fang Chien ?

La réponse à ces questions se trouvait dans le temple vers lequel ils se dirigeaient.

Ils avancèrent lentement. Un silence complet régnait dans le passage. Parfois, Gray trébuchait sur une pierre en vrac. Puis il entendit pour la première fois le chant.

Cela venait de très loin. Le couloir de pierre en faisait écho, gonflant et mourant à mesure que le souffle d'air s'accélérait ou s'affaiblissait. Un chant à gorge profonde qui semblait avoir la cadence d'un hymne.

"Qu'est-ce que c'est?" Il murmura.

"L'hymne du coucher du soleil", l'informa Delabar.

Gray, qui avait oublié le conseil des prêtres – qui devait être à proximité – se demandait pourquoi l'homme frissonnait.

"Est-ce que ce passage mène directement au conseil ?" il a ordonné.

Delabar hésita.

"Il mène à une cave où le rejoignent deux autres couloirs", murmura-t-il. "Le chant est porté par les échos : le concile est encore loin." Il a avancé. "Viens."

Cette fois, il avança rapidement. La chanson se réduisit à un murmure sourd, confus par la distance. Gray réfléchit qu'il devait y avoir de nombreux chanteurs. Si tous les prêtres étaient au concile, les couloirs seraient peut-être dégagés. Wu Fang Chien serait avec les bouddhistes.

Une lueur de lumière apparut devant nous. Cela se renforça à mesure qu'ils se rapprochaient. Delabar se mit au petit trot, regardant devant lui. A la lueur, Gray vit que le passage dans lequel ils se trouvaient était un couloir voûté de grès sculpté par endroits d'inscriptions qui semblaient très anciennes.

Le chant s'amplifia à mesure qu'ils atteignirent la fin du passage. Devant eux se trouvait une chambre carrée ressemblant à une voûte. Deux grandes bougies se tenaient devant une autre sortie. Gray crut remarquer un mouvement dans l'ombre derrière les bougies. Son premier regard lui montra que la seule autre ouverture était un escalier de pierre, en face d'eux.

Il tendit la main pour vérifier Delabar. Mais l'homme lui échappa et courut dans la pièce. Gray jura dans sa barbe et bondit après lui.

"Aide!" cria Delabar. "Aide, pour un disciple de Bouddha ! Un homme blanc est entré dans les passages——"

Il se jeta à genoux devant les bougies, cognant contre le sol sa tête rasée. Gray s'arrêta net, scrutant l'ombre derrière les bougies.

"Aidez-moi à saisir l'homme blanc !" bavarda le traître. "Je suis un fidèle serviteur de Bouddha. Je suis venu donner un avertissement. L'homme blanc m'a forcé à le diriger."

L'un après l'autre, trois prêtres bouddhistes sortirent de l'ombre et regardèrent Delabar et Gray. Le premier était dans un paroxysme de peur, ses genoux tremblaient, ses mains se tiraient le visage. Gray, maudissant silencieusement le tour que l'autre avait joué, observait les trois prêtres. Ils avaient sorti de longs couteaux de leurs robes et s'étaient arrêtés près de Delabar, comme s'ils attendaient des ordres.

L'alarme avait été donnée. Des pas pouvaient être entendus dans le couloir derrière les bougies. Gray a été attrapé. Dans le bref silence, il entendit le chant à gorge profonde, résonnant d'un endroit qu'il ne parvenait pas à situer.

Les prêtres attendaient toujours, la lueur des bougies brillant dans leurs yeux blancs. Gray jeta un regard calculateur autour de la chambre. Deux sorties étaient disponibles. Les escaliers et le passage par lequel il était descendu. Lequel prendre, il ne le savait pas. Mais il n'avait pas envie de se laisser écraser au puits dans le noir.

Un visage large et fade regardait depuis le couloir près des bougies. Il vit la robe de soie et les yeux bridés et lumineux de Wu Fang Chien.

" Alors le capitaine Gray est venu à Sungan ", dit calmement le mandarin, en anglais. "Je l'attendais——"

« Ce n'est pas moi qui l'ai amené », bavarde Delabar. "J'ai donné l'alarme——"

La terreur était dans ses paroles entrecoupées. Wu Fang Chien scruta la silhouette agenouillée et ses yeux se durcirent.

"Qui peut se fier à la parole d'un bâtard ?" il sourit en parlant en chinois. "Tuez le chien!"

Delabar cria et essaya de se relever avec difficulté. Deux bouddhistes se sont approchés de lui et ont enfoui leurs armes dans son corps. Le cri se termina par un hoquet étouffant. Les prêtres le frappèrent de nouveau avec des couteaux rougis.

Il tomba au sol, ses bras bougeant faiblement dans une mare grandissante de son propre sang. Wu Fang Chien n'avait pas cessé de sourire.

Gray sortit son automatique. Il a tiré sur les prêtres, les détonations résonnant avec tonnerre dans l'espace confiné. Deux des bouddhistes se laissèrent tomber sur le corps de Delabar ; le troisième se tourna sauvagement, en toussant.

Gray jeta froidement le regard de son automatique sur Wu Fang Chien. Le mandarin tendit la main rapidement. Ses larges manches balayaient les bougies et les éteignaient. Gray appuya sur la gâchette et aperçut le visage triomphant de son ennemi grâce au flash qui suivit. Il appuya à nouveau sur la gâchette.

Un clic était la seule réponse. La chambre de l'arme avait été vidée. Et Gray n'avait plus de cartouches. Il lança l'automatique inutile à l'endroit où se trouvait Wu Fang Chien et l'entendit heurter la pierre.

Il n'avait aucun moyen de savoir s'il avait touché le mandarin de son dernier coup. Il soupçonnait que la ruse de Wu Fang Chien avait sauvé la vie de ce dernier. Un instant le silence garda la voûte, un silence brisé par les gémissements des prêtres blessés. Le chant lointain avait cessé.

Gray se tourna et chercha les escaliers derrière lui. Il avait décidé d'avancer et non de reculer. Il n'essaierait pas de quitter Sungan sans Mary Hastings.

Il avait marqué l'emplacement des marches et trébucha dessus dans l'obscurité. Il monta les escaliers à tâtons. Ce qui l'attendait, il ne le savait pas.

Une lumière apparut derrière lui. Il entendit des pas résonner dans le coffre-fort. La lueur lui montra qu'il était en haut des escaliers. Dans un passage, il courut. Cela ressemblait à celui qui partait du puits.

Aux bruits derrière lui, il devina que les prêtres le suivaient. Soit Wu Fang Chien avait décidé que Gray était monté dans les escaliers, soit le mandarin envoyait des groupes par les deux sorties.

La sensation de l'air ainsi que la fraîcheur continue indiquèrent à Gray qu'il était toujours sous terre. Il courut en avant au hasard. Le passage donnait sur une autre salle voûtée dans laquelle brillait un feu dans un brasero. L'endroit était vide, mais des peaux éparpillées autour du brasier montraient qu'il avait été occupé depuis peu.

Gray a saisi la première ouverture qui s'est offerte et a continué. Jetant un coup d'œil par-dessus son épaule, il vit les bouddhistes émerger dans la pièce. Il accéléra le pas.

Ses poursuivants l'avaient repris. Gray se frayait un chemin aveuglément dans le labyrinthe de passages. Il s'est cogné lourdement contre un mur, a contourné un coin à tâtons et a été aveuglé par un soudain éclat de lumière.

Gray se retrouva debout dans une salle élevée dans laquelle une multitude d'hommes étaient assis.

Sa première impression fut qu'il était entré dans le conseil des prêtres bouddhistes. Sa seconde fut une pure surprise.

La salle avait manifestement été un temple à une certaine époque. Une galerie de pierre la contournait, soutenue par de lourds piliers. Les embrasures qui servaient autrefois de fenêtres étaient obstruées par des poutres à travers lesquelles du sable s'était infiltré et s'était accumulé en tas sur le sol.

Le temple était souterrain. Des ouvertures dans les voûtes du plafond laissaient entrer un courant d'air qui faisait vaciller les bougies autour des murs. Directement devant Gray se trouvait une estrade . Autour de cela, sur des bancs d'ébène, une rangée d'hommes était assis.

Le sol entre lui et l' estrade était couvert de formes assises. Tous le regardaient. Sur la plate-forme se trouvait non pas la figure d'un dieu, mais une chaise massive en bois de santal sculpté. Sur cette chaise était assis un vieil homme. Une forme majestueuse, vêtue d'une robe de laine d'agneau qui rivalisait de blancheur avec la barbe qui descendait jusqu'à la taille de l'homme. Chaque manche de la robe était reliée au-dessus du coude par un large cercle d'or. Une chaîne du même métal entourait le cou de l'homme.

Ce qui frappa Gray, c'était le physique splendide de l'aîné assis dans le fauteuil. Une belle tête surmontée de larges épaules. Une paire d'yeux sombres le scrutait sous des sourcils touffus. Les pommettes saillantes ressortaient clairement sur la peau pâle. La silhouette et le visage évoquaient le pouvoir ; pourtant le feu dans les yeux exprimait de l'inquiétude, voire de la mélancolie. L'homme s'adressa immédiatement à Gray, d'une voix pleine qui résonna dans toute la salle.

"Qui vient", dit la voix dans un chinois approximatif, "à l'assemblée des Wusun ?"

» commença Gray. Il jeta un coup d'œil à la silhouette assise sur la chaise et aux autres. Il y avait plusieurs centaines d'hommes dans la pièce. Tous étaient vêtus de peau de mouton et de nankin, avec des bottes en cuir de cheval ou en maroquin rouge . La majorité était barbue, mais tous présentaient la même peau claire et la même tête bien formée. Ils semblaient fascinés par son arrivée.

Des pas derrière lui lui indiquèrent que ses poursuivants approchaient de la salle. Gray s'avança à travers la foule assise jusqu'au pied de l' estrade . Ils lui cédèrent facilement la place.

Machinalement, Gray leva la main pour saluer l'homme sur le trône.

"Un homme blanc", répondit-il.

A ce moment, plusieurs prêtres bouddhistes entrèrent dans la salle. Il vit apparaître Wu Fang Chien. A cette vue, il y eut un murmure dans la foule.

Gray respirait encore lourdement à cause de sa course. Il regarda la forme majestueuse sur l' estrade . Le Wusun! C'était le mot que l'autre avait utilisé. Le mot prononcé par Van Schaick venait de la race captive elle-même.

Il jeta un coup d'œil à Wu Fang Chien. Le Chinois était différent de ces hommes : son visage était plus large, ses yeux bridés et ses cheveux noirs. Les yeux de l'homme assis sur la chaise étaient au même niveau, et sa moustache et sa barbe étaient pleines, voire bouclées. Il ressemblait plus au type de Mirai Khan, le Kirghiz, qu'à Wu Fang Chien.

donc le secret de Sungan . Gray sourit sombrement, pensant à la façon dont Delabar avait essayé de lui cacher la vérité — comment le bouddhiste avait choisi de le trahir plutôt que de courir le risque qu'il voie le Wusun. Et c'est ce qu'expliquaient les gardes. Les Wusun étaient en réalité une race captive.

Gray avait un esprit vif, et cela lui traversa instantanément l'esprit. Il remarqua autre chose. Wu Fang Chien avait laissé les autres prêtres à l'entrée et s'avançait seul. Le mandarin croisa les bras dans ses manches et s'inclina gravement. Pour la première fois, il parlait le dialecte occidental.

« Salutations, Bassalor Danek, Gur-Khan du Wusun, » dit-il gravement. "Je ne souhaitais pas déranger l'assemblée des Wusun pendant l'heure de la prière du coucher du soleil, lors de la fête de la nouvelle lune. Je suis venu à la poursuite d'un ennemi - de celui qui a tué dans les murs de Sungan . Vous savez , ô Gur-Khan, qu'il est interdit de tuer ici. Quand j'aurai pris cet homme, je partirai en paix.

Bassalor Danek caressa doucement les accoudoirs du fauteuil et considéra le mandarin.

"En l'espace de douze lunes, ô Wu Fang Chien, le pied d'un prêtre bouddhiste n'a pas été posé dans les limites de mon peuple. Ici, je suis le maître, pas toi. Cela a été convenu dans l'alliance de mes pères et de leurs pères avant eux. Vous n'avez pas oublié l'alliance ?

"Je n'ai pas oublié", répondit calmement le mandarin. "C'est pour demander la personne de cet assassin que je viens maintenant. Quand je l'aurai, j'irai."

"Qui a-t-il tué ?"

"Deux de mes hommes qui surveillaient l'un des passages."

« Les Wusun ont-ils demandé que des gardes soient placés dans les passages ?

Wu Fang Chien fronça les sourcils, puis sourit doucement.

"Nous attendions de capturer cet homme, un diable étranger. Un ennemi de votre peuple comme du mien."

Gray les observa attentivement. Il avait observé que de nombreux Wusun près de Bassalor Danek étaient armés, d'une manière ou d'une autre. Ils portaient des arcs et d'autres avaient des épées à la hanche. Les partisans de Wu Fang Chien semblaient mal à l'aise. De plus, leur présence dans la salle semblait irriter les Wusun.

Placé soudainement dans un environnement totalement étrange, Gray ne pouvait compter que sur son intelligence. Il ignorait la véritable situation des Wusun, ainsi que leur caractère. Mais certaines choses étaient claires.

Ils n'aimaient pas trop Wu Fang Chien. Et ils étaient plus audacieux que les Chinois. Bassalor Danek, qui portait le titre de Gur-Khan, avait parlé d'une alliance qui semblait être davantage un traité entre ennemis qu'un accord entre amis.

D'un autre côté, Wu Fang Chien parlait avec une assurance qui suggérait une connaissance de son propre pouvoir et la certitude qu'il détenait le dessus de la situation.

Les Wusun s'étaient levés et se rapprochaient. Ils attendaient que leur chef parle. Le Gur-Khan hésita comme s'il pesait la situation.

"Cet homme", Wu Fang Chien montra Gray, "est venu à Sungan avec des mensonges dans la bouche. Il a tiré un voile sur son véritable objectif. Et il est un ennemi de la Mongolie. Vous feriez bien de l'abandonner. "

Bassalor Danek tourna son regard pensif vers Gray.

"Vous avez entendu ce que Wu Fang Chien a dit", observa-t-il. "Vous parlez sa langue. Dites-moi pourquoi vous avez traversé les murs de Sungan . Au cours de la vie de dix hommes, aucun étranger n'est venu à Sungan avant cela."

La tête de Gray se releva résolument.

"Wu Fang Chien," répondit-il lentement, "a dit que j'avais tué ses hommes. Est-ce un crime chez un homme, alors qu'il ne l'est pas chez un autre ? Tout à l'heure, les soldats chinois ont surpris et détruit une caravane. de mon peuple sans avertissement et sans motif.

"Ils n'avaient pas le droit de venir là où ils sont venus", affirma doucement le mandarin.

"Ils venaient à Sungan ."

Wu Fang Chien sourit et agita sa main brune, comme pour écarter la protestation d'un enfant.

"Des diables étrangers sans dieu. On vous a prévenu de vous tenir à l'écart."

Les yeux de l'homme blanc se plissèrent dangereusement.

"Je suis venu trouver une femme de mon peuple que vous avez capturée. Elle est ici à Sungan ."

Bassalor Danek leva rapidement les yeux. "Quand est-elle venue à Sungan ?"

"Il y a plusieurs jours. Et Wu Fang Chien l'a gardée. Il avait prévu de m'amener ici pour me tuer." Gray croisa directement le regard du vieil homme. "Cette femme et moi, Bassalor Khan, descendons des mêmes pères que votre race. Nous venions à Sungan pour vous chercher. Et cet homme a essayé d'empêcher cela. Une vingtaine d'hommes ont perdu la vie à cause de cela."

Le mandarin aurait parlé, mais le Gur-Khan leva la main.

" C'est une affaire, Wu Fang Chien, " dit-il avec dignité, " qui ne peut être résolue en un souffle de vent. Je garderai cet étranger. J'entendrai son histoire ! Demain à cette heure, après le coucher du soleil, viens seul. dans la salle et j'annoncerai ma décision. En attendant, je réfléchirai.

Wu Fang Chien fronça les sourcils, mais accepta le verdict avec le calme qui caractérisait son caractère.

"Rappelez-vous, Bassalor Danek", prévint-il, "que ces gens sont des démons du monde extérieur. Et rappelez-vous l'alliance qui épargne la vie de votre peuple. Sungan est dans le creux de la main de Bouddha. Et Bouddha est le seigneur de la Mongolie. "

Le Gur-Khan ne semblait pas l'entendre.

"Vraiment, c'est étrange", songea-t-il. " Deux fois au cours d'une même lune, des étrangers sont venus devant moi, avec la même histoire à la bouche. Cet homme et la femme que mes jeunes gens ont enlevée à vos prêtres parce qu'elle avait le visage et la forme d'une personne de notre race . Elle aussi, est dans ma demeure. »

CHAPITRE XIX

CONCERNANT UNE VILLE

Contrairement à une idée reçue, un homme ne dort pas profondément après deux jours et nuits d'éveil. Gray n'avait pas dormi depuis ce temps-là, mais il était alerte, bien que très fatigué. L'activité continue du système nerveux ne s'arrête pas d'un coup.

Dès que Wu Fang Chien avait quitté la salle du Wusun, l'Américain avait demandé à pouvoir voir Mary Hastings.

Sa demande a été refusée par Bassalor Danek. La femme, dit le Gur-Khan, était sous sa protection et ne pouvait être vue qu'au lever du jour. Gray fut obligé d'y consentir. Il sentait que Marie serait en sécurité entre les mains de l'aîné, qui semblait jouir d'une autorité totale dans l'assemblée. Cette croyance s'est avérée exacte.

Le fait de savoir que la jeune fille était près de lui et raisonnablement protégée du danger lui apporta un flot de soulagement et apaisa la tension qui l'avait saisi au cours des quarante dernières heures. Il était enthousiasmé par la première bonne nouvelle depuis de nombreuses heures.

En conséquence, il avait maintenant terriblement faim. Bassalor Danek a ordonné qu'il soit retiré de la salle et nourri. Deux des plus jeunes hommes armés d'arcs le conduisirent à travers une nouvelle série de couloirs, gravirent plusieurs volées de marches sinueuses et le conduisirent dans un petit compartiment en pierre qui, à en juger par l'air frais qui entrait par les embrasures, était au-dessus du niveau du sable. .

Ici, on lui fournissait du lait de chèvre, une sorte de fromage à base de lait de jument caillé et de la viande séchée qui était savoureuse. Gray s'endormit rapidement sur un tas de peaux de chameaux, tandis que les hommes – Bassalor Danek les avait appelés *tumani* [1] – regardaient avec curiosité.

[1] Peut-être dérivé du mot tatar *tuman* , un escadron de guerriers, de chasseurs.

Gray se réveilla à la première lumière entrant dans les embrasures. Il se sentit très raide et quelque peu glacé. A son premier mouvement les *tumani* étaient relevés. L'un d'eux, un jeune aux larges épaules qui disait s'appeler

Garluk , parlait un chinois approximatif, d'un dialecte presque inconnu de Gray.

Il expliqua qu'ils se trouvaient dans l'une des tours du temple qui dépassait bien au-dessus du sable. Gray, pour la première fois, avait une bonne vue de Sungan depuis les embrasures.

C'était une journée claire. Le ciel à l'est était cramoisi sur la plaine brune du Gobi. Le soleil projetait des rayons de lumière sur les ruines. Gray vit le mur de la vieille ville, la demeure des Wusun. Plus tard dans la journée, il a noté quelques notes de ce qu'il avait observé au verso des cartes qu'il transportait. Ils étaient à peu près les suivants :

La vieille ville avait été construite dans une oasis, apparemment il y a quatre ou cinq siècles. Des saules, des peupliers et des tamaris bordaient d'étroits canaux construits à travers les ruines des puits. En murant ces canaux avec de la pierre, les Wusun les avaient gardés intacts du sable envahissant. Il y avait même de l'herbe près des canaux et plusieurs troupeaux de moutons. Les arbres offraient de l'ombre, même si le soleil n'est jamais insupportable dans le Gobi, en raison de l'altitude.

Les bâtiments de la ville avaient été enveloppés à plus de moitié par le sable en mouvement qui était entraîné dans la zone fortifiée – selon Garluk – à chaque *kara buran* . Peut-être en raison de la protection du mur, les crêtes de sable autour du centre-ville étaient plus hautes que le sol à l'intérieur. Il était donc difficile d'avoir une bonne vue de la ville depuis la campagne environnante.

Gray pensa que c'était sans doute la raison pour laquelle les Kirghizes avaient déclaré n'avoir vu que les sommets de certaines tours ; aussi pourquoi il avait lui-même pris le feuillage qu'il distinguait à travers ses lunettes pour des buissons.

Les bâtiments de Sungan étaient anciens et fabriqués en grès solide, de sorte que, bien que partiellement recouverts de sable, leurs intérieurs, une fois les embrasures scellées, constituaient des habitations raisonnablement confortables et chaleureuses. Delabar avait eu raison de citer la légende selon laquelle il y avait de vastes caves et caves à Sungan . Les passages souterrains communiquaient de voûte en voûte, système très utile dans cette région où les tempêtes de sable noir se produisent chaque jour au printemps, au début de l'été et tout au long de l'hiver.

"C'est de très bonnes pirogues," pensa Gray. « Les Wusun se sont certainement retranchés dans leurs foyers ancestraux. Je me demande comment ils se débrouillent pour se nourrir ?

Il a posé cette question à Garluk . Le Wusun répondit que lui et certains de ses compagnons, les *tumani* , étaient autorisés à sortir dans la plaine à travers les files de lépreux et à chasser les chameaux et les gazelles sauvages de la plaine. En outre, les bouddhistes entretenaient plusieurs colonies de bergers près de la rivière Tarim, à un voyage de trois ou quatre jours vers l'ouest.

Quelques citronniers, melons et dattiers poussaient près des canaux de Sungan . Parfois, une caravane venait de Chine à Sungan avec d'autres vivres.

A travers ses lunettes, Gray distingua les silhouettes de lépreux à l'extérieur du mur. Garluk a expliqué que c'était « le mauvais sort des Wusun ». Ils ont été placés là pour maintenir les Wusun à l'intérieur du mur. Pendant des siècles, lui et son peuple étaient refoulés. Leur nombre diminuait à cause de la captivité. Parfois, un homme aventureux s'échappait à travers les lépreux et les soldats chinois, traversait le désert jusqu'à Khotan ou Kashgar . Ceux-ci ne sont jamais revenus. La mort était la punition pour avoir tenté de s'échapper.

Gray scruta les ruines à travers ses lunettes. Les femmes cuisinaient et lavaient près des canaux. Des hommes sortaient des salles souterraines et vaquaient patiemment aux affaires de la journée. Ils semblaient former une foule ordonnée, et Gray devina que Bassalor Danek dirigeait fermement son peuple captif. Ce qui était bien.

Il a remarqué des pigeons dans les arbres. Ce n'était pas une scène laide. Mais de tous côtés s'étendait le Gobi stérile, empiétant et enveloppant la forteresse des Wusun, les « Hommes de grande taille ». La même résignation et la même patience qu'il avait remarquées dans les yeux de Bassalor Danek étaient imprimées sur les visages de Garluk et de ses compagnons. C'était des visages olive, impassibles et sans expression. Gray avait observé les mêmes traits chez certaines tribus du sud de la Sibérie, isolées de leurs semblables, et chez les Esquimaux.

Parmi les notes, il a ensuite noté quelques références pour Van Schaick – dans l'espoir qu'il pourrait remettre les données entre les mains de ses employeurs. Gray avait un sens du devoir rigide. Ses observations étaient fragmentaires, car il lui manquait la connaissance approfondie de l'histoire et des caractéristiques raciales que Delabar aurait dû fournir.

Malgré leur vie confinée, les « Grands » étaient au-dessus de la stature du Mongol moyen. Leur front n'était pas aussi incliné en arrière que chez les Tartares de la steppe, et les yeux eux-mêmes étaient plus grands, surtout chez les jeunes femmes, souvent séduisantes de visage.

Langue : le Wusun avait toutes les gutturales dures et les « t » et « k » forcés de la langue mongole ; mais leurs mots étaient syllabiques, voire poétiquement expressifs. De nombreux mythes sont apparus dans leurs chansons – des références à Gengis Khan, en tant que « puissant tueur d'hommes » et au Prêtre Jean, de son nom natal, Awang Khan des Keraits .

Intelligence : comparable à celle des Chinois bourgeois, supérieure à celle des Kirghizes et des Dounganes de la steppe. Leurs caractéristiques étaient aimables et hospitalières ; leurs idées sont simples, en raison de la gamme étroite d'objets dans leur vision. Ils étaient totalement ignorants de l'histoire et du progrès du monde, étant tenus ainsi conformément à la pratique favorite des bouddhistes.

Armes et instruments : limités à l'arc et à l'épée de fer à pointe trempée. Ils avaient vu des armes à feu en possession des gardes chinois, mais n'étaient pas autorisés à les posséder. Pour la culture, ils traînaient à la main une herse en bois grossière et utilisaient une houe en fer pointue. Quant à la cuisine, elle se faisait avec des ustensiles rudimentaires, comme des casseroles en cuivre achetées aux Chinois, des fours de fortune posés dans le sable et des crachats sur un feu ouvert.

Quant à la religion, Gray était destiné à faire une découverte curieuse, aussi surprenante qu'inattendue, mais qu'il dépassait ses connaissances limitées à expliquer.

Tels étaient les Wusun, tels que Gray les voyait.

Garluk interrompit ses pensées avec une exclamation gutturale.

"Comment pouvez-vous voir aussi loin", a-t-il demandé, "alors que nous ne pouvons pas voir ?"

Gray sourit et était sur le point de remettre ses lunettes au Wusun quand il se vérifia. Les jumelles pourraient s'avérer utiles plus tard, pensa-t-il. En l'occurrence, ils l'ont fait.

Pendant ce temps, l'esprit de Gray était revenu à la dernière pensée qui l'avait accompagné lorsqu'il s'était endormi la nuit précédente et qui était la première à lui venir au réveil. Il ne s'était ni lavé ni mangé, mais il ne tarderait pas.

"Emmenez-moi chez la femme blanche", ordonna-t-il.

Le regardant toujours avec perplexité, les deux chasseurs le conduisirent en bas des escaliers, à travers une porte-poterne et dehors sur le sable. Après un bref mot avec un Wusun plus âgé qui était accroupi près de la tour, Garluk se dirigea vers les ruines, repoussant la foule venue regarder Gray.

L'Américain remarqua qu'il y avait peu d'enfants. Certaines femmes portaient des jarres d'eau. Ils n'étaient pas voilés. Ils portaient une robe ample en coton propre - il apprit qu'ils travaillaient sur leurs propres métiers à tisser, d'un modèle ancien - liée par une ceinture de soie et recouverte d'un *khalat fluide* . Tous étaient pieds nus.

Gray fut conduit jusqu'à une porte à l'extérieur de laquelle se tenait un *tumani* , l'épée à la main. Après une brève conférence avec ses guides, le gardien leur permit d'entrer. Tout au long de son séjour à Sungan , Gray a été surveillé, discrètement mais efficacement.

Son cœur battait maintenant fort et il avait envie de crier le nom de la fille. Il descendit dans la pénombre. Une odeur de musc et de feuilles de roses séchées imprégnait les lieux. Une femme se leva du sol et disparut dans l'ombre. Bientôt, Garluk écarta un rideau. Gray entra dans ce qui semblait être une chambre à coucher et trouva Mary Hastings debout devant lui.

"Capitaine Grey!" cria-t-elle doucement en tendant les deux mains. "Hier soir, ils m'ont dit que tu étais là. Oh, je suis si contente !"

Il serra fermement les mains minces, craignant de dire ce qui lui venait à l'esprit à la vue de la jeune fille. Elle était plus mince et il y avait des cernes sous les yeux fins qui se fixaient sur lui avec avidité.

Il pouvait la voir clairement à la lueur d'une lampe cramoisie suspendue au-dessus de sa tête. La pièce était confortablement équipée de tapis et de coussins. Un pot d'eau et quelques dattes se trouvaient à côté d'eux.

"Comment es-tu arrivé là?" répéta-t-elle. "Où est Sir Lionel?" Une ombre passa sur son visage expressif. "J'ai vu l'attaque contre la caravane. Est-ce qu'il———"

"Sir Lionel est revenu vers moi", a déclaré Gray, la voix bourrue et tendue. "Il était le seul survivant de la caravane."

"Alors il est mort," répondit-elle lentement. "Ou il serait venu avec toi." Elle se mordit la lèvre, baissant la tête, pour que Gray ne voie pas les larmes dans ses yeux. "Oh, je l'ai craint. Les prêtres bouddhistes ont dit que leurs gardes le trouveraient et le tueraient. Un vieil homme du Wusun qui parle Turki me l'a répété."

Gray était heureux que Mary soit préparée, dans une certaine mesure, à la mort de son oncle. Il avait eu du mal à supporter le spectacle de sa détresse. Il s'est détourné.

"Oui. Sir Lionel est mort courageusement."

Elle lui relâcha les mains et fouilla avec un petit carré de lin déchiré qui avait autrefois été un mouchoir.

"Oh!"

Craignant qu'elle ne s'effondre et ne pleure, Gray aurait quitté la pièce, mais elle l'arrêta d'un geste. Elle leva doucement les yeux, même si les larmes brillaient encore sur ses paupières.

"S'il vous plaît, Capitaine Gray ! J'ai été si... seul. Vous ne partirez pas, juste pour un moment ?"

Pendant un certain temps? Il serait resté à ses côtés jusqu'à ce qu'on l'entraîne, si elle le souhaitait. Il vit qu'elle avait changé. Une partie de la vie et de la vivacité avait été chassée de son visage délicat, laissant une tendresse mélancolique.

Lui-même ne montrait que peu de signes des épreuves des deux derniers jours, à l'exception d'une bouche plus ferme et de rides plus profondes autour des yeux. Il n'était pas rasé, comme il l'était depuis un certain temps, et les vêtements de sa silhouette robuste étaient plus que d'habitude plus mauvais à porter.

La jeune fille remarqua une nouvelle lueur dans ses yeux — sombres, voire obstinés. Il y avait quelque chose de sauvage dans la détermination de ce visage dur, né — même si elle ne le savait pas — du fait qu'il savait que la vie et la sécurité de Mary Hastings relevaient désormais de sa seule responsabilité.

CHAPITRE XX

LE TALISMAN

"Pauvre oncle Lionel", dit-elle tristement, "il n'a jamais su que les Wusun étaient là, comme il l'avait imaginé."

"Il aura tout le mérite de son exploit lorsque vous et moi rentrerons à la maison, hors de Sungan , Miss Hastings."

Elle le regarda, bêtement reconnaissante. Fini toute la pétulance, l'esprit de moquerie désormais. Mais son héritage naturel de résolution ne l'avait pas abandonnée.

"Merci pour cela, Capitaine Gray. J'ai eu tort de ne pas tenir compte de votre avertissement. J'ai été injuste parce que je voulais qu'Oncle Singh soit le premier à Sungan ." Elle soupira, puis essaya de sourire. " Veux-tu t'asseoir ? Sur un coussin. Peut-être n'as-tu pas encore déjeuné. Je n'ai que de légers rafraîchissements à offrir... "

Un nouveau miracle se produisait sous les yeux de Gray. Il ne connaissait pas le courage des filles anglaises dont les hommes protecteurs vivent toujours dans les lieux instables qu'est la périphérie de la civilisation.

Sa proximité avec la jeune fille l'excitait. Son courage agissait comme un stimulant pour son propre moral. Malgré lui, son regard errait avidement vers les cheveux bronzés égarés et le visage frais et troublé.

Inconsciemment, elle leva la main et ajusta adroitement une mèche de cheveux vagabonde. Il avait envie de lui tapoter le dos et de lui dire qu'elle était splendide. Mais il craignait sa propre maladresse. Mary Hastings lui apparaissait comme une charge fragile et précieuse entrée dans sa vie.

Il inspira rapidement. "J'ai faim", mentit-il.

Elle s'occupa immédiatement, préparant des dates et quelques gâteaux. Pendant qu'il mangeait, elle grignotait à peine la nourriture.

"Maintenant," commença-t-il gaiement, ayant prévu ce qu'il allait dire, "je vous suis redevable du petit-déjeuner. Et je vais vous interroger."

Il réalisa qu'il devait lui faire oublier la mort de son oncle.

"Comment nos nouveaux alliés, les Wusun, vous traitent-ils, Miss Hastings ?"

"Très bien, vraiment. Mais pas les prêtres. Ils ont pris toutes mes affaires sauf une petite croix en or sous ma veste. Vous voyez, les prêtres sont venus avec les—les lépreux qui nous ont attaqués."

Gray hocha la tête.

"Et ce sont les bouddhistes qui m'ont saisi, pas les pauvres hommes malades. Ils m'ont emmené après m'avoir bâillonné pour que je ne puisse pas appeler."

"Les ordres de Wu Fang."

"Ils m'ont emmené dans une sorte de tunnel et m'ont gardé là jusqu'à ce que les tirs aient cessé. Ils m'escortaient le long des passages lorsque nous avons rencontré un groupe de Wusun, armés d'arcs. Ils ont parlé aux prêtres, puis ils ont semblé Je me suis mis en colère et les bouddhistes m'ont abandonné. Je ne sais pas pourquoi les Wusun me voulaient."

En jetant un coup d'œil à la belle fille, Gray pensa que la raison n'était pas difficile à deviner. Il ne comprit cependant pas alors toute l'importance que la femme avait pour le Wusun.

"Peut-être vous ont-ils reconnu comme une femme blanche, une des leurs", hasarda-t-il.

Elle secoua la tête d'un air dubitatif.

" Je pensais que les Wusun ne connaissaient pas l'existence d'autres Blancs, Capitaine Gray. L'un d'eux – je les ai entendus l'appeler Gela, le Kha Khan – était un jeune homme, aussi grand que vous, et pas mal. Il était le plus en colère. de tout, avec les prêtres, c'est-à-dire pas avec moi.

Gray fronça les sourcils.

"Gela m'a conduit à la salle du conseil des 'Grands'", continua-t-elle en le regardant avec une certaine surprise, car le froncement de sourcils ne lui avait pas échappé. "Là, j'ai trouvé le vieux Bassalor Danek. Je ne parlais pas leur langue, mais oncle Singh m'a appris pas mal de turc du nord. Bassalor Danek était vraiment un bon vieux gars, mais j'aime mieux Timur."

« Timur ? Il a demandé. "Un des *tumani* ?"

"Je ne vois pas pourquoi vous ne les aimez pas. Ils m'ont aidé. Non, Timur semble être une sorte de conseiller. Il a les cheveux blancs et boite. Mais il parle un turc approximatif, ce que je comprends. Alors... j'ai été bien traité, sauf qu'ils ne me laisseront pas sortir de ce bâtiment qui appartient à Bassalor Danek.

"Qu'est-ce que le turcophone avait à dire pour lui-même ?"

"Il m'a demandé mon nom. Bien sûr, il ne pouvait pas le prononcer, alors il m'a baptisé quelque chose qui ressemble à Kha Rakcha . Je pense que Kha - c'est aussi un mot kirghiz - signifie "blanc" dans leur langue."

" Rakcha signifie en chinois occidental une sorte d'esprit ", approuva Gray, intéressé. " Alors ils t'ont nommé l'Esprit Blanc – ou, dans un autre sens, la Femme-Reine Blanche. Votre venue semble avoir été un événement dans les affaires du Wusun… "

"C'est ce qu'a dit Timur." Elle hocha vivement la tête. "C'est l'un des anciens du conseil *kurultai* . J'espère lui avoir fait bonne impression. Il semblait amical."

"Je pense", réfléchit sérieusement Gray, "que vous avez fait une meilleure impression que vous ne le pensez. Cela aide beaucoup, parce que..." il était sur le point de dire que sa propre position auprès des Wusun n'était pas très bonne, grâce à Wu. L'inimitié de Fang Chien, mais s'est interrompue. Il ne voulait pas l'alarmer. "Parce qu'ils m'ont laissé venir te voir," corrigea-t-il maladroitement.

Il ne fallait pas tromper l'esprit vigilant de la jeune fille.

"Ce n'est pas ce que vous vouliez dire, Capitaine Gray", lui reprocha-t-elle.

« C'est vrai — » il eut plus de succès cette fois — « que votre venue m'a probablement valu un répit.

"Un répit ?"

Quand une femme est-elle trompée par l'assurance maladroite d'un homme ? Ou quand ne comprend-elle pas quand quelque chose est caché ?

« Capitaine Gray, vous savez quelque chose que vous ne me direz pas ! Le Wusun vous a-t-il menacé ?

"Non. Ils m'ont protégé——"

"Alors tu étais en danger. Je le pensais. Maintenant, qu'entendais-tu par... répit ?"

Au lieu de cela, Gray lui raconta comment il avait trouvé son chemin jusqu'à Sungan , omettant les détails des combats ou sa propre réussite. Mary le considérait gravement, le menton sous la main.

"J'ai prié pour que vous suiviez notre caravane", a-t-elle déclaré. "Je te souhaitais quand tout le monde se battait ainsi. D'une manière ou d'une autre, j'étais sûr que tu atteindrais Sungan . Tu vois, tu m'as fait sentir que tu étais le genre d'homme qui allait là où il voulait aller."

Gray leva les yeux et elle secoua la tête avec reproche.

"Vous êtes comme Oncle Singh. Vous ne saurez pas s'il y a un danger. Les Wusun ne nous protégeront-ils pas des prêtres ?" Elle tendit une main mince d'un air suppliant. "Il ne reste plus que nous deux. Ne devrais-tu pas être tout à fait franc avec moi ? Maintenant, dis-moi ce que tu entends par 'répit' !"

Il regrette cordialement son choix malheureux de ce mot. Forcément, il lui parla de Wu Fang Chien et de la dispute au sein du conseil.

« Vous voyez donc que notre affaire sera jugée ce soir, » conclut-il. "Il s'agit de l'autorité du Gur-Khan face au pouvoir de Wu Fang Chien. Je soutiens le vieux Bassalor Danek. Je pense qu'il nous traitera bien. D'abord, parce qu'il est curieux à notre sujet. D'une certaine manière, nous sommes ses invités. J'espère qu'il échec et mat Wu, parce que - pour être franc - nous sommes mieux à Sungan qu'avec les bouddhistes.

Cette fois, elle était satisfaite.

"Bien sûr," acquiesça-t-elle. "Wu Fang Chien ne nous laisserait pas partir facilement. Il devrait alors répondre de l'attaque contre la caravane. Répondre à l'ambassade britannique."

Gray pensa qu'ils étaient les seuls survivants du combat et que les Chinois ne pouvaient pas se permettre de les laisser s'échapper.

"Je vais paraître plaider en faveur de l'immunité – notre immunité – ce soir", sourit-il.

« Êtes-vous avocat, capitaine Gray ? La jeune fille essaya d'entrer dans l'esprit de sa remarque. "Avons-nous un bon dossier?"

"Surtout notre intelligence", a-t-il admis. "Et peut-être que le lien que les Wusun pourraient ressentir pour nous en tant que race apparentée."

"Splendide!" Elle frappa dans ses mains. "Je pense que vous êtes un avocat de premier ordre."

Gray a rappelé le visage majestueux de Bassalor Danek et la colère du Wusun à l'entrée de Wu Fang Chien.

"Ils ont conclu une sorte d'alliance, n'est-ce pas, avec l'empereur chinois ?"

" Timur a dit qu'il s'agissait d'un accord par lequel les Wusun devaient garder leur ville inviolée et ne pas quitter ses frontières. Même les envahisseurs de sable ne les ont pas délogeés. Timur les a décrits aussi nombreux que les arbres du Thian Shan, les Montagnes Célestes. , au début. Aujourd'hui, seuls quelques-uns survivent. Les Chinois ont posté des lépreux autour d'eux.

Gray hocha la tête. Peu à peu, l'histoire du Wusun se dessinait. Race descendante d'envahisseurs venus d'Europe avant l'aube de l'histoire, ils s'étaient alliés à la puissance de Gengis Khan et s'étaient attiré l'inimitié des Chinois. Depuis lors, grâce à la lente persistance des Chinois, ils avaient été confinés et diminués en nombre.

"Vous vous souvenez de la légende du Prêtre Jean... au Moyen Âge ", poursuivit la jeune fille avec empressement. "Marco Polo parle d'un prince puissant du centre de l'Asie qui était chrétien. J'y ai réfléchi. Le mot Kerait n'est-il pas le mot mongol pour chrétien ? Pensez-vous que les premiers Wusun étaient chrétiens ?"

"Ils ne semblent pas avoir de religion particulière, Miss Hastings, à l'exception d'une sorte de prière du matin et du soir."

"Je les ai entendus chanter l'hymne. Timur dit que c'était celui de leurs ancêtres." La fille soupira. " Dire que nous aurions dû trouver le Wusun, après tout. Si seulement mon oncle... " Elle s'interrompit tristement.

Un pas retentit à l'extérieur de la pièce et Garluk passa sa tête hirsute à travers le rideau.

"Je viens du Gur-Khan", annonça-t-il. "L'Homme-qui-tue-rapidement doit se présenter devant Bassalor Khan."

"Ils me bipent", dit Gray d'un ton léger, en réponse à son regard interrogateur. "Je dois jouer à l'avocat. Mais j'ai une expérience à tenter. Ne vous inquiétez pas."

Il se leva et elle le regarda d'un air suppliant.

"Reviens dès que tu peux", murmura-t-elle. "Je... c'est tellement seul ici. J'étais malheureux jusqu'à ce que Timur me dise qu'ils avaient entendu des coups de feu pendant le chant du coucher du soleil d'hier. J'ai deviné que c'était toi..."

"Mon automatique", expliqua Gray avec un sourire. "J'ai raté Wu Fang Chien, ce qui est dommage." Il parlait gaiement, au hasard, soucieux de réconforter la jeune fille. Elle grimaça à l'évocation des combats.

"Je reviendrai pour rapporter ce qui se passe."

"Si quelque chose devait t'arriver———"

"Jusqu'à présent, je semble être à l'épreuve des accidents." Il sourit légèrement, masquant ses véritables sentiments. "Et il y a un plan———"

"Viens," dit Garluk . " Bassalor Khan attend devant son sanctuaire. "

"J'aurai un meilleur dîner à t'offrir," sourit Mary en retour. "N'oubliez pas!"

"Je vais en prendre note, Mary."

Gray sortit du rideau. Malgré sa promesse, il ne put retourner dans la chambre de la jeune fille.

Il trouva Bassalor Danek qui attendait dans une chambre sous le temple, où il fut conduit par l'impatient Garluk . Le Gur-Khan était assis sur un tapis de soie à côté d'un vieil homme au visage de satyre, que Gray devina être Timur. Ils levèrent silencieusement les yeux à son approche. La participation s'est retirée.

Sur un signe de Bassalor Danek, Gray s'assit devant les deux. Ils le considéraient gravement. Il attendit qu'ils parlent.

" Wu Fang Chien, " commença enfin le Gur-Khan, " viendra dans la salle pour entendre ma parole au coucher du soleil. Sa mauvaise volonté pourrait apporter un sombre nuage de problèmes sur mon peuple. Si je vous abandonne, il le fera. remercie-moi et apporte-nous de bonnes céréales et du thé de Chine dans la prochaine caravane.

Il s'arrêta comme pour une réponse. Mais Gray resta silencieux, souhaitant entendre ce que les deux avaient à dire de plus.

"Pourtant, ô Celui qui tue rapidement", dit doucement Timur, "tu es de la race de la Kha Rakcha et elle a trouvé grâce dans nos cœurs. Tu dis que tu es venu ici pour la chercher. C'est bien. Mais nous ne devons pas causer de problèmes à notre peuple. Ils ont peu de nourriture. Il n'y en a pas à placer devant le sanctuaire de notre race.

Il jeta un coup d'œil par-dessus son épaule vers un rideau fermé. Ici, un des Wusun montait la garde. Gray devina que c'était leur sanctuaire. Il était curieux d'en avoir un aperçu.

« Quelle est la volonté du Gur-Khan ? » demanda-t-il doucement.

Bassalor Danek le regarda attentivement.

"Je n'ai pas préparé ma réponse, ô Homme de l'Extérieur. Wu Fang Chien a crié que tu étais venu sans y être invité pour te mêler de ce qui ne te concerne pas. Le Kha Rakcha est très beau, et la lumière de son visage " Soyez un ornement pour notre sanctuaire. Vous avez dit que vous êtes venu nous chercher. Mais cela ne peut pas être le cas. Car aucun mot de nous n'a dépassé les gardes extérieurs. Même les Kirghizes errants que nous voyons de loin ne nous connaissent pas. "

Gray attendait une piste à suivre. Maintenant, il a vu sa chance et a convoqué son petit stock de chinois poétiques pour correspondre à l'oratoire de Bassalor Danek.

« Écoute, ô Gur-Khan », dit-il avant de s'arrêter, connaissant la valeur de la méditation lorsqu'il s'agit d'un Oriental. Intérieurement, il priait pour que son entreprise réussisse, sachant que le sort de la jeune fille dépendait grandement de ce qu'il disait.

" Il est vrai, reprit-il, que j'ai été envoyé à la recherche des Wusun. Au-delà du désert et au-delà de la frontière de la Mongolie vit un peuple dont les pères, il y a très longtemps, étaient les mêmes que vos pères. Ils ont les moyens de voir. "

Timur secoua astucieusement sa tête grise.

"Un poisson peut-il voir ce qu'il y a sur la terre ? Une gazelle a des yeux perçants ; mais une gazelle ne peut pas voir à travers le désert, et encore moins un homme. Ce que vous dites n'est pas vrai."

"C'est vrai. Non seulement mon peuple peut voir au-delà de toute distance, mais il peut aussi entendre. Voici, en voici la preuve."

Pendant que les deux regardaient avec curiosité, Gray sortit ses cartes de sa chemise et les étala sur le sol devant lui. Bassalor Danek jeta un coup d'œil vers lui, dans l'expectative.

"Voici ce que nous avons vu, avec nos yeux à longue vue. Voyez, voici le dernier village de Chine, Ansichow , et le désert. Ici, par cette marque, c'est là que nous connaissions Sungan . Et au-delà. C'est le fleuve Tarim, comme vous le savez, et les montagnes célestes. Grâce à ce papier, j'ai trouvé mon chemin jusqu'ici.

Bassalor Danek toucha la carte avec curiosité. Puis il secoua la tête.

"C'est un papier, comme ceux des prêtres de Bouddha. C'est une sorte de magie. Avec la magie, beaucoup de choses sont possibles. Mais ce sont des signes sur papier. Ce ne sont pas des montagnes ni des rivières."

Gray soupira, confronté à l'incrédulité native d'une carte. Les Wusun, malgré leur intelligence naturelle, étaient liés par l'influence abrutissante de générations d'isolement. En fait, leur état de civilisation était celui des âges sombres. C'était comme si Gray et Mary Hastings s'étaient aventurés dans un bastion des Goths.

Pourtant, il avait l'impression d'avoir fait une légère impression. Il sortit les jumelles de leur étui.

"On m'a donné un jeton", expliqua-t-il lentement, s'assurant que les deux comprenaient son chinois approximatif. "C'est un petit talisman des Yeux-à-Longue-Vue. Avec lui, vous pouvez voir ce qui se trouve au loin, aussi clairement que s'il était dans votre main."

Timur caressa sa barbe et sourit.

"Ce n'est peut-être pas le cas. Même avec la magie, ce n'est peut-être pas le cas."

"Ecoute alors." Gray leva les lunettes et les braqua sur le garde qui se tenait près du rideau du sanctuaire. "Avec ça, tu peux rapprocher le visage de cet homme du mien."

Il tendit les verres à Bassalor Danek qui les retourna curieusement dans sa main. Obéissant aux ordres de Gray, il les dirigea vers le garde. L'homme bougea avec inquiétude, croyant visiblement qu'une sorte de magie était pratiquée sur lui. Bassalor Danek poussa une forte exclamation et les lunettes tombèrent sur ses genoux. Il regarda l'homme près du rideau et marmonna dans sa barbe.

"J'ai vu le visage à portée de main du mien", a-t-il crié. "En vérité, c'est comme cet homme l'a promis !"

"Non," objecta Timur. "Celui près du sanctuaire n'a pas bougé, car je regardais. Ce n'est peut-être pas le cas."

Néanmoins, sa main tremblait lorsqu'il portait les lunettes à ses yeux faibles. Gray l'aida à les concentrer. Lui aussi poussa une exclamation.

Pendant un moment, les deux Wusun expérimentèrent les jumelles, scrutant les murs, le sol et les tapis avec un étonnement croissant. Gray garda un visage impassible. Les lunettes étaient puissantes, avec d'excellents verres. Les Wusun n'avaient jamais rien vu ni entendu parler de ce genre.

" Ceci n'est qu'un signe, " leur rappela-t-il gravement, " des Yeux à Longue Vue que possède mon peuple. Si ce talisman peut vous rapprocher de ce qui est loin, doutez-vous que nous puissions savoir ce qui est au-delà. " le désert ? La venue de l'Esprit Blanc n'est-elle pas une preuve que nous le savions ?

C'était une question importante et Bassalor Danek et Timur en discutèrent, posant leurs verres à contrecœur.

"Je ne sais pas", hasarda Timur. Gray vit que sa double question les avait déroutés. Pour remédier à son erreur, il se tourna vers Bassalor Danek.

"Gardez ces petits Yeux-à-Longue-Vue", dit-il. "Je te les donne."

Malgré son calme habituel, le chef des Wusun poussa involontairement une exclamation de plaisir. Gray a profité de son avantage.

"Je vais vous donner une preuve supplémentaire, ô Bassalor Danek. Tirez les rideaux du sanctuaire pour que je puisse voir le dieu du Wusun. Ensuite, je vous montrerai que mon peuple au-delà du désert connaissait le dieu."

Il raisonna rapidement que les Wusun, si le récit de Timur sur leur histoire avait été exact, devaient avoir dans leur sanctuaire un emblème de la divinité tatare – le dieu Natagai que Mirai Khan lui avait décrit – ou peut-être un symbole mahométan. Il devinait plutôt la première solution, puisque les Wusun avaient été isolés avant que la vague musulmane ne déferle sur l'Asie centrale.

"Ce n'est pas un dieu, ô Homme-de-l'Extérieur", opposa Timur. "C'est un talisman de nos pères. Autrefois, les Wusun avaient des prêtres. Au temps de Kubla Khan. Maintenant, tout ce dont nous nous souvenons est l'hymne au coucher et au lever du soleil. Nous avons presque oublié les paroles. Nous avons gardé le talisman parce que autrefois nos prêtres, qui étaient aussi des guerriers, le chérissaient.

Gray hocha la tête, croyant maintenant qu'il s'agissait d'une image de Natagai , la divinité de la guerre tatare.

" On dit, " continua Timur d'un ton méditatif, " que le talisman a été fabriqué par un chef de notre peuple. J'ai entendu une histoire des anciens selon laquelle ce khan vivait lorsque les Wusun étaient dans un autre pays, avant de traverser les montagnes du pays. toit du monde. Tirez le rideau !

Sur ordre, le garde retira les lourds plis du brocart. Gray vit un autel en pierre, recouvert d'un tissu propre de soie blanche. Sur le tissu se trouvait une croix.

CHAPITRE XXI

MARIE FAIT UNE DEMANDE

La croix était en jade, en forme de l'emblème médiéval : la croix grecque. Avant, une bougie brûlait. Gray le regardait silencieusement pendant que Timur avançait en boitant et coupait la mèche de la bougie.

"Nous ne nous souvenons pas de la foi de nos pères", dit tristement le vieux Wusun. "Mais nous avons gardé le talisman. Il n'est pas aussi solide que le Bouddha de bronze de Wu Fang Chien. Nous ne l'abandonnerons pas, bien qu'il ait demandé à l'acheter. En vérité, aucun homme ne devrait se séparer de ce qu'il avait de précieux à sa vue. de ses pères. »

Les pensées se pressèrent sur Gray. Était-ce la croix laissée par un missionnaire errant, un de ceux qui suivirent les traces de Marco Polo ? L'ancien Wusun, les chrétiens, était-il mentionné dans les légendes médiévales comme le royaume du prêtre Jean, parfois appelé *prêtre* Jean ? Les Wusun étaient des guerriers. Le symbole de la croix a-t-il été adapté de la poignée d'une épée ? Était-ce un des aléas du sort qui avait amené la croix entre les mains des Wusun, descendants des chrétiens d'Europe ? Ou étaient-ils devenus de leur propre gré des adorateurs de la croix ? Qu'est-ce que cela signifiait pour eux ?

Il se souvint de l'hymne du coucher du soleil. Était-ce leur version des vêpres d'un prêtre oublié ? Il ne savait pas. Le problème de la croix existant parmi les restes des Wusun reste à résoudre par des esprits plus érudits que le sien. Mais il était clair qu'au-delà de la croix, ils ne conservaient aucun vestige de leur ancienne religion.

Brusquement, sa tête se releva.

"Je t'ai promis, Bassalor Danek, s'écria-t-il, que ce serait un symbole. Comme je l'ai promis, tu le trouveras. Nous, qui sommes des mêmes pères, avons aussi ce talisman de notre Dieu."

Le Wusun le regarda. Il y avait une consonance de conviction dans les paroles de Gray. Il rappela les paroles de Delabar selon lesquelles le talisman des Wusun avait valu à la race captive la haine des bouddhistes. Il voyait maintenant comment cela se passait. Le destin – ou ce que le soldat considérait comme de la chance – lui avait mis un instrument entre les mains. Pour la défense de la jeune fille. Il doit en faire pleinement usage.

Il montra la croix de jade.

"Les Kha Rakcha et moi sommes du même sang que les Wusun. Nous sommes venus en paix pour vous chercher. Les Kha Rakcha réclament votre protection. Ne l'accorderez-vous pas ? Ainsi, j'ai parlé."

Bassalor Danek croisa ses bras maigres, de minuscules rides se dessinant autour de ses yeux âgés.

"J'entends", dit-il. "L'histoire des Yeux-à-Longue-Vue est une histoire vraie. Mais cette chose est une autre histoire. Avez-vous un gage à montrer, afin que nous puissions savoir qu'elle est également vraie ?"

Au fond de l'esprit de Gray se trouvait le souvenir d'un jeton. Quelque chose que Mary avait mentionné. Dans son anxiété, il ne parvenait pas à s'en souvenir.

ainsi raté une occasion en or. S'il avait été seul, sa rapidité naturelle de pensée aurait trouvé une réponse à la question du Gur-Khan. Avec la vie de la fille qu'il aimait en jeu, il hésita.

Il était d'une importance vitale que Bassalor Danek croie ce que Gray avait dit à propos de la croix. Croyant, il les aiderait, car il révérait la croix. En doutant, ils seraient exposés aux ruses de Wu Fang Chien.

"Si je disais la vérité sur une chose, ô Gur-Khan," para-t-il, "est-ce que je mentirais sur une autre chose ?"

"Les deux choses ne sont pas identiques", répondit logiquement Timur. "Le talisman est précieux, comme l'or de la poignée de l'épée de Gela. Mais qu'est-ce que cela vous fait ?"

"C'est le signe de notre foi. C'est le talisman du christianisme."

"Je ne connais pas le mot."

"Vous connaissez le nom de l'ancien khan des Wusun : Awang Khan ?"

Gray a risqué un coup audacieux, sur sa connaissance de la légende du prêtre Jean d'Asie. Timur réfléchit.

"Le nom n'est pas dans notre discours", a-t-il annoncé.

Bassalor Danek leva les yeux avec sagesse.

"Tu parles de foi, ô Celui qui tue vite. Est-ce une parole de sacerdoce ?"

"Oui."

"Alors," dit gravement Bassalor Danek, "il est clair que votre talisman n'est pas comme ça. Bien plus, car le seul sacerdoce est celui des faux bouddhistes."

"Notre foi est différente de la leur, tout comme un grain de sable est différent d'une goutte d'eau claire."

La main du Gur-Khan dessina un large cercle.

"Non. Que pouvons-nous voir de Sungan à part les grains de sable ? Partout, au-delà, se trouve le sacerdoce bouddhiste. Nous avons vu cette chose. C'est vrai." Il leva fièrement la tête. "Voici, jeune homme, voici le talisman d'un guerrier. De chef en chef, il a été transmis. C'est le signe d'un chef. De celui qui protège son peuple. Nul ne peut le porter sauf moi, ou un autre membre du roi. sang qui a combattu pour son peuple.

Pour la première fois, il montra à Gray une croix plus petite, façonnée en or, qui pendait à une chaîne du même métal sur sa poitrine, sous le manteau.

"Parce que je suis le khan des Wusun, cette chose est à moi", a-t-il ajouté. "Si mon père et les siens avant lui n'avaient pas été de puissants guerriers, le Wusun aurait disparu du monde comme une bougie s'éteint dans un vent fort."

"Oui", a modifié Timur. "C'est un signe du rang du Gur-Khan. N'en a-t-il pas toujours été ainsi ?"

Les deux hommes hochèrent la tête, comme devant une vérité inaltérable. L'âge et l'isolement avaient rendu leurs conceptions rigides. La sécurité du Wusun était leur seul souci.

"Votre signe n'est pas comme le nôtre", dirent-ils. " La lune est- elle apparentée au soleil parce que tous deux vivent dans le ciel ? "

"Il n'y a qu'une seule croix", s'écria Gray.

Ils secouaient la tête. Comment allaient-ils modifier le peu de croyances qui constituaient leur maigre héritage de sagesse ?

"Vous n'êtes pas parent de nous, mais le Kha Rakcha est une femme et peut donc devenir parent du Wusun", annonça Bassalor Danek. "Allez maintenant, car nous devons bien peser notre réponse à Wu Fang Chien."

Grey se leva, les lèvres dures.

"Qu'il en soit ainsi," dit-il lentement. "Si vous pensez que vous devez céder à Wu Fang Chien, livrez-moi entre ses mains. Je prendrai une épée et j'irai à sa recherche. Gardez la Kha Rakcha en sécurité à Sungan . Elle est, comme vous l'avez vu, l'Esprit Blanc. Sa beauté n'est pas moindre que la lumière du soleil. Gardez-la bien.

Gray avait parlé avec amertume, estimant que son plaidoyer avait échoué. Il n'avait pas perçu tout le sens des paroles de l'autre. Il savait que sa propre mort serait la perte la plus grave pour la jeune fille. Sans lui, elle était sans défense.

Il ne voulait pas la quitter. Elle avait été si enfantine en s'appuyant sur sa protection. Et il était tellement impuissant à l'aider.

Mais Gray avait pesé les probabilités avec une précision froide qui ne l'avait jamais quitté. Il y avait une légère chance qu'il puisse tuer Wu Fang Chien, et si tel était le cas, Mary pourrait être sauvegardée.

Il s'éloigna du sanctuaire et, inconsciemment, se dirigea vers la maison de Bassalor Danek où se trouvait la jeune fille. Puis il se retourna résolument. Il ne pouvait pas voir Mary maintenant. Elle devinerait instantanément – tant l'instinct de la femme était rapide – que quelque chose n'allait pas.

Gray revint sur ses pas jusqu'à la tour et dans sa propre chambre où il attendrait la décision du Gur-Khan.

Pendant plusieurs heures, les deux Wusun débattirent ensemble. Ils regardaient de temps en temps une horloge à eau qui grinçait lamentablement dans le coin le plus éloigné du sanctuaire. Leurs sourcils étaient froncés par l'anxiété alors qu'ils parlaient.

Dehors, le soleil avait déjà atteint son point culminant et les sables brûlaient sous la chaleur réfléchie. Les habitants de Sungan s'étaient réfugiés sous les arbres du canal et dans les bâtiments souterrains. Même les chiens et les lépreux n'étaient plus visibles. Le calme régnait à Sungan et dans les camps armés des gardes hors du mur.

Aucune lueur de soleil ne pénétrait dans le sanctuaire de Bassalor Danek. Le préposé alluma de nouvelles bougies et resta immobile. Puis il remua et s'avança vers la porte. Il poussa une exclamation bourrue.

Mary Hastings le poussa et regarda les deux Wusun.

"Timour!" elle a pleuré. "Où est Celui-qui-tue-rapidement ?"

Le conseiller de Sungan la regarda avec étonnement. Elle était rouge et respirait rapidement. Ses cheveux bronzés étaient tombés sur ses fines épaules. Grande, fière et impérieuse, elle lui faisait face – une belle image dans la pièce sombre.

"Il a dit qu'il reviendrait vers moi", a-t-elle répété. "Et il n'est pas venu. Et bien, je sais que cela ne peut être qu'à cause de quelque chose de mal qui s'est produit. Où est-il ?"

Les deux restèrent stoïquement silencieux. Elle s'approcha d'eux sans crainte. À la grande surprise du garde, elle frappa du pied avec colère, les yeux écarquillés d'anxiété.

Pour le garde, cela ne devait pas être permis en haute présence du Gur-Khan. Il posa une main d'avertissement sur son épaule. Surpris, la jeune fille recula et lui frappa le bras. Déconcertée par son mécontentement flamboyant, la guerrière jeta un coup d'œil à Bassalor Danek.

Le Gur-Khan fronça les sourcils.

"Ne touche pas au Kha Rakcha , chien!" grogna-t-il. "Bientôt, cette femme sera alliée à moi par le sang." Puis à Marie : "Il n'est pas convenable, jeune fille, qu'une personne comme toi vienne ici avec colère. Couvre donc la flamme de l'esprit avec les cendres du respect."

Timur a interprété son discours majestueux. Mais la jeune fille était agitée par la peur pour Gray. Ce n'est que lorsqu'il n'a pas réussi à la rejoindre qu'elle a réalisé à quel point sa venue avait signifié.

donc pas envie de respecter la dignité des deux hommes âgés. Mary Hastings avait été la maîtresse des domestiques indigènes. Elle savait exiger l'obéissance.

"Dites au chef, cria-t- elle , de répondre quand je parle. Suis-je du genre à cacher le feu de l'esprit sous le manteau de l'humiliation ? Parlez ! Qu'est devenu l'homme blanc ?"

Timur a rendu la réponse du Gur-Khan en Turki.

"Le grand guerrier a offert son corps pour calmer la colère de Wu Fang Chien, qui le réclame."

La fille pâlit.

"Comment quand?"

"Il prendra une épée que nous lui donnerons cette nuit et ira chercher le chef des bouddhistes. Même ainsi, il en sera ainsi. Nous avons décidé, en conseil. De cette façon, Wu Fang Chien sera apaisé, et le Wusun buvez le réconfort de la paix dans leur difficulté. De plus... "

"Rester!" La jeune fille inspira rapidement. Elle devina pourquoi Gray n'était pas venu vers elle. La conscience de son danger apaisa ses pensées tumultueuses. Le danger était pire que ce qu'elle craignait. Mais — telle était la force d'âme de la femme lorsque l'homme qu'elle aimait était menacé — elle devint étrangement calme.

Jusqu'à présent, elle ne s'était pas avoué qu'elle aimait l'Américain. Comprenant le nouveau sacrifice qu'il était prêt à faire pour elle, elle ne pouvait pas plus nier la vérité de son amour qu'elle ne pouvait remettre en question la réalité de sa propre vie.

"Veux-tu m'abandonner aussi?" » demanda-t-elle avec mépris.

"Non. Vous aurez une place à côté du Gur-Khan, à cause de votre beauté qui, ainsi dit Celui qui tue rapidement, est semblable au soleil. Le Wusun sauvegardera le Kha Rakcha , même si il a ordonné."

Mary Hastings soupira doucement. Puis elle releva la tête avec obstination. Elle rougit vivement.

"L'homme blanc est précieux à mes yeux", dit-elle tendrement. "Sa vie est comme la chaleur du soleil, et s'il meurt, ma vie passerait, comme l'eau disparaît lorsqu'elle est versée sur le sable."

"En vérité," réfléchit Timur en caressant sa barbe, "est-il un homme courageux. Mais comment alors apaiser Wu Fang Chien ?"

La colère apparut sur le visage expressif de la jeune fille.

" Ainsi les Wusun sont faibles d'âme ", accusa-t-elle. "Leur cœur est comme l'âme d'un chacal des ravins. Ils abandonneraient le guerrier qui est venu devenir leur ami, pour acheter leur propre confort ! *Aie* ! Êtes-vous de tels hommes ?"

Timur le regardait fixement, confronté pour peut-être pour la première fois de sa vie au mépris d'une femme qui pensait comme un homme.

"Pensez-vous que j'achèterai mon confort, à de telles conditions ?" » continua-t-elle sans pitié. "Ou rester dans l'ombre de ceux qui ne sont pas des hommes mais des chacals ?"

Timur leva la main. La décision des dirigeants du Wusun avait été motivée par leur souci jaloux de leur peuple, et non par des motifs égoïstes. Mais les paroles rapides de la jeune fille l'avaient malheureusement dérouté.

"Si vous le livrez", a déclaré Mary Hastings, "j'irai aussi. Je ne me séparerai pas de lui."

Et elle ne le ferait pas. Si Gray devait affronter les Chinois, elle serait à ses côtés. Combien de fois les hommes jugent-ils correctement la véritable force du dévouement d'une femme ?

"Nous avons prévu autrement", a souligné Timur. "Pour toi--"

"J'ai parlé, vous avez entendu."

Bassalor Danek a interrogé le conseiller sur ce qui avait été dit. Alors le chef se leva.

"Dites à la femme", annonça-t-il, "que moi, le chef des Wusun, j'ai décidé. Ce que ma sagesse décide, elle ne peut pas le modifier par des paroles brûlantes. Qui est-elle, sinon une femme blonde ? Je suis le maître du talisman. du Wusun.

Il montra l'autel. Mary, attentive à son visage, suivit rapidement son geste. Elle poussa un petit cri en voyant pour la première fois la croix. Elle attrapa le bras de Timur.

"Qu'est-ce que c'est?" elle a supplié. "Qu'est-ce que ça veut dire?"

Timur a expliqué le symbole.

"C'est le signe du Gur-Khan seul", conclut-il. « Seuls ceux qui ont le rang de chef le portent. » Il toucha la petite croix posée sur les larges épaules de Bassalor Khan.

Le visage de la jeune fille s'éclaira radieusement. Elle sourit en se rapprochant des deux vieillards. Pas besoin d'esprit de femme pour raisonner logiquement !

Elle retira le col de sa veste, révélant la petite croix en or qui était son seul bien laissé par les avares bouddhistes. Si Wu Fang Chien avait eu connaissance du jeton, il le lui aurait arraché.

"Tu vois," dit-elle doucement. "Je suis aussi porteur de la croix."

La Wusun regardait son visage excité jusqu'au symbole scintillant sur sa poitrine.

Pour leur intelligence limitée, deux choses étaient claires. Le talisman de la jeune fille n'était pas à Sungan avant son arrivée. C'était donc clairement le sien. De plus, elle le portait comme de droit.

Ils rappelaient sa fierté et ses paroles de colère. En vérité, elle portait de droit le signe du rang. Timur recula et baissa la tête.

" Ô Reine, " dit-il, " j'étais aveugle. Pardonnerez-vous au chien qui était aveugle ? "

Bassalor Danek avait froncé les sourcils, un peu jaloux. Mais alors qu'il regardait le visage ouvert de la femme, son front s'éclaircit.

"Ça va, Kha Rakcha ," observa-t-il lentement. "C'est véritablement le signe qui témoigne de la vérité de votre venue. Seule une femme née dans la royauté peut porter un tel talisman comme celui-ci. C'est bien."

Il toucha curieusement la croix, la comparant à la sienne. Timur se pencha sur sa main et regarda. La jeune fille resta silencieuse, retenant son souffle en suspens.

Les esprits des Wusun étaient sages à leur manière, mais leur sagesse était celle de la simplicité.

"Nulle, sauf une reine, ne peut porter cela sur sa poitrine", s'assurèrent-ils. " Donc, en vérité, c'est *une* femme de naissance royale. "

Elle saisit rapidement son avantage.

"Alors tu sais que je suis celui qui commande."

"Oui," dirent-ils chacun dans sa langue, "avant, nous étions comme des chiens aveugles."

« Gardez donc, dit-elle, les lèvres tremblantes, car elle sentait la tension, la vie de Celui qui tue rapidement. Car il est de mon sang. »

Bassalor Danek réfléchit et parla avec une décision grave.

"Nous le protégerons au sein de Sungan . Wu Fang Chien le demandera en vain."

CHAPITRE XXII

LA RÉPONSE

Mary rit un peu instable. C'était sûrement un étrange miracle que sa croix en or ait opéré. Elle ne pensait pas que ce soit de la chance. Dans son âme de femme, il n'y avait aucune pensée au destin. Les soins de Dieu avaient protégé la vie de l'homme qu'elle aimait.

Timur parlait.

" Bassalor Danek est très content ", entendit-elle. " Auparavant , il était réchauffé par la vue de votre équité. Mais maintenant c'est en vérité une chose assurée. Gela, le Kha-Khan, fils de mon fils, commandant du *tumani* , a conçu de l'amour pour vous. Bassalor Danek a accordé son souhaite que tu deviennes l'épouse de sa demeure et de son foyer.

En entendant, elle ne comprenait pas encore.

"Gela ?"

"Celui qui t'a enlevé aux méchants prêtres. En raison du talisman que tu portes, il convient que tu sois son épouse."

Elle les regarda tour à tour, soudain gênée.

" Ainsi , tu deviendras vraiment parent des Wusun", acquiesça Timur.

"JE?"

" Bassalor Danek, dans sa sagesse, a décidé. "

La joie de sa brève victoire s'estompa rapidement. La réaction l'affaiblissait, rendait ce nouvel obstacle décourageant. Mais elle puisait sa force dans une nouvelle pensée.

"Emmène-moi chez l'homme blanc !"

"Non, ce n'est pas approprié. Le lien d'amour de Gela est sur vous."

À leur grand étonnement, la jeune fille éclata de rire. L'espace d'un bref instant, l'hystérie l'avait prise, lasse des épreuves qu'elle avait endurées. Dans son stress soudain, elle s'accrochait à la pensée qui lui avait apporté une consolation.

C'était une femme déconcertée. En réalité, elle faisait instinctivement appel à la force de Gray.

"Es-tu toujours aveugle ?" supplia-t-elle de manière inégale, les larmes non loin de ses yeux. "N'as-tu pas vu l'amour de l'homme blanc pour moi ? Comment Gela peut-il m'enlever de lui, alors que je suis déjà lié à lui ?"

Gray ne lui avait rien dit de son amour. Mais elle avait lu sur son visage ce qu'il n'avait pas dit.

« Imbéciles ! » elle frappa du pied avec colère. "Vous ne pouvez pas me retirer des bras de Celui-Qui-Tue-Vite. Il en entendra parler." Elle parlait maintenant d'une manière quelque peu extravagante, sentant toutes ses forces s'éloigner d'elle. "Il me réclamera. Il me gardera... Oh, vraiment, tu es aveugle."

Pour le Wusun, son émotion soudaine était une démonstration d'un tempérament qui était sans aucun doute l'héritage de son sang royal.

Mary était cependant au bord de la dépression et cherchait refuge dans sa propre chambre, car elle ne pouvait pas voir Gray. Elle se précipita vers elle, avec à ses trousses la femme qui avait attendu hors du sanctuaire. A vrai dire, elle s'est enfuie.

Dans sa chambre, elle se jeta sur les coussins et se livra à une crise de larmes des plus incontrôlables. La femme attendait stoïquement.

Lorsque Mary s'est assise et a séché ses larmes, la femme a souri. Le visage de Mary était pâle et ses cheveux étaient ébouriffés. En jetant un coup d'œil dans un miroir en bronze que la femme lui avait apporté, elle était presque heureuse que Gray ne puisse plus la voir maintenant. Sur quoi elle tomba dans la réflexion et envoya bientôt la servante chercher un pinceau et de la peinture semblable à de l'encre noire qui est le fluide d'écriture du Wusun.

Puis elle chercha assidûment tous les bouts de tissu blanc qui pourraient servir de papier. Elle a choisi son mouchoir, mais a été obligée de le placer devant une fenêtre pour attendre qu'il sèche.

Elle l'observait au passage, une femme à l'air très triste, les mains jointes autour de ses genoux et la tête posée de côté sur ses mains.

Pendant ce temps, les ombres post-méridiennes s'allongeaient sur l'enceinte de Sungan . Les bergers chassaient leurs quelques troupeaux des bandes d'herbe extérieures ; les enfants qui s'étaient baignés dans les canaux jouaient dans les derniers rayons du soleil. Des groupes de guerriers sortirent des ruines et se dirigèrent lentement vers les feux où se préparait le repas du soir. Les anciens cherchaient la salle du conseil.

L'agitation était encore plus grande à l'extérieur du mur, là où les Chinois se rassemblaient.

C'était maintenant l'heure de l'hymne du coucher du soleil. Gray, arpentant le sol en pierre de sa chambre dans la tour, entendit le chant de nombreuses voix. Il venait du temple en contrebas, et les voix répétaient des mots dont les propriétaires ne connaissaient plus le sens. Gray jeta un coup d'œil impatient depuis sa fenêtre, se demandant pourquoi il n'avait pas eu de nouvelles de Bassalor Danek.

Il se peut que ce soit une heure après le coucher du soleil que des pas retentissent devant la porte de la chambre. Garluk ouvrit la porte et recula avec un geste de respect.

Gray leva les yeux avec impatience, pensant que Bassalor Danek ou le boiteux Timur étaient venus. Au lieu de cela, une grande silhouette entra dans la pièce.

C'était un jeune homme au port puissant. Il portait fièrement sa tête olive et bien faite. Sa robe était la peau d'agneau blanche du Gur-Khan, mais sans les ornements dorés. Une large ceinture de cuir ceignait sa taille, à laquelle pendait une épée droite dans un fourreau de bronze.

Le nouveau venu leva la main en guise de salutation – un geste que Gray lui rendit. Il s'accroupit silencieusement sur les tapis, faisant signe à Garluk . Gray le regarda avec appréciation, pensant qu'il avait rarement vu un homme au physique aussi beau. Les épaules de l'étranger étaient bien faites, ses bras fortement mariés, sa taille fine. Il bougeait avec l'aisance d'un homme appuyé sur des muscles entraînés.

Les trois restèrent assis en silence jusqu'à ce que Garluk pense qu'il devait parler.

"C'est le Kha Khan, ô Homme-de-l'Extérieur", observa le *tumani* . "Gela, le chef des *tumani* et petit-fils de Bassalor Danek."

"Je le salue", répondit l'homme blanc, se demandant ce que son visiteur avait à dire.

Actuellement, Gela tourna sa tête sombre vers Garluk et parla d'un ton bas qui résonnait depuis une poitrine profonde. De toute évidence , il ne connaissait pas le dialecte que parlait Gray. La majorité des Wusun ignoraient le chinois.

" Bassalor Danek, " interpréta Garluk , " a vu le talisman sur la poitrine du Kha Rakcha . Il a réfléchi, dans sa sagesse, aux paroles que vous avez prononcées. Et il a répondu à Wu Fang Chien. "

Gela parla une fois de plus, tandis que Gray attendait avec impatience.

" Bassalor Danek, qui est le seigneur des Wusun, a écouté la plainte de Wu Fang Chien, gouverneur de Sungan . Et sa décision fut la suivante : Sans aucun doute vous et la femme blanche êtes venus chercher les Wusun. Alors que vous avez tué beaucoup de les hommes des bouddhistes, ils ont aussi tué les hommes de la caravane. Il n'y a donc aucune dette à venger.

Gray sourit devant cette façon simple mais logique de voir la situation.

"De plus", interpréta Garluk , à l'instigation de Gela, "puisque vous avez recherché le Wusun, vous pouvez rester ici. Dans l'alliance, il a été convenu que la peine de tentative d'évasion est la mort ; cependant, il n'y a aucune punition pour entrer dans Sungan . Vous et le Kha Rakcha resterez à Sungan .

C'était une bonne nouvelle. Gray fut surpris, mais il ne laissa pas cela apparaître sur son visage.

"Qu'a dit Wu Fang Chien?" Il a demandé.

"Il essaiera de s'emparer de vous et de la femme. Il fera venir les soldats armés de fusils du désert."

"Est-ce que Bassalor Danek nous protégera ?"

"Il a donné sa parole. De plus, il est tenu de garder la femme."

Gray ne prêta pas d'abord attention à cette dernière remarque. Il se demandait jusqu'où iraient les Chinois dans leur tentative de s'emparer de lui et de la jeune fille. Probablement, décida-t-il, Wu Fang Chien n'était pas trop désireux de forcer l'entrée à Sungan . Mais le mandarin ne perdrait aucune chance de se capturer, ou éventuellement de le tirer depuis le mur extérieur.

Mais pour le moment, il pensait qu'ils étaient en sécurité. Puis la référence de Garluk à Mary lui revint à l'esprit. Il a rappelé que Timur avait mentionné que Marie devait rester avec les Wusun.

Gela s'était levé, son message délivré. Gray l'arrêta d'un geste.
"Pourquoi Bassalor Danek est-il tenu de garder le Kha Rakcha ?" » demanda-t-il, inspiré par un nouveau et puissant malaise.
Gela lui-même a répondu et Garluk a interprété.
"N'as-tu pas entendu?" il a souri. "Gela, le Kha Khan, désire l'Esprit Blanc pour lui-même. Demain soir, il l'épousera, selon la coutume des Wusun. Bassalor Danek a accepté."
Gray retint difficilement une exclamation.
"Ce n'est peut-être pas le cas", dit-il sévèrement. "L'Esprit Blanc n'est pas du genre à se marier parmi les Wusun."
Garluk rit. "Gela, le plus fort des Wusun, ne l'a-t-elle pas enlevée aux prêtres jaunes ? Ne porte-t-elle pas le talisman qui est le même que celui de notre sanctuaire ? Gela n'a pas encore de femme. Pourquoi ne devrait-il pas se marier ?"

Pendant que tous deux le regardaient, Gray réfléchissait à la nouvelle tournure que les affaires avaient prise. Tous ses instincts le poussaient à crier que la chose était impossible. Marie doit être protégée. Pourtant, il connaissait la futilité d'une protestation.

« Est-ce que le Kha Rakcha a accepté cela ? il joue pour gagner du temps.

"Elle ne le sait pas", affirma Garluk avec complaisance. « Pourquoi devrait-on prévenir une jeune fille avant d'avoir le brassard (il montra le cercle de bronze entourant le bras puissant de Gela) de son seigneur attaché autour de son cou ?

Gela l'interrompit brusquement.

"Le Kha Khan demande", dit Garluk , "si vous êtes le mari du Kha Rakcha ?"

"Bon dieu!" médita l'Américain. Il songea à affirmer qu'il l'était. Puis il réfléchit que Mary, qui ne savait rien de ce qui se passait, aurait du mal à confirmer son histoire. Mais il ne pouvait laisser passer cette occasion sans revendiquer quelque droit sur la jeune fille. « Je devais l'épouser, compromettait-il, à notre retour du désert.

Gela aboya un mot bref et sortit à grands pas de la porte, après avoir jeté un coup d'œil attentif à l'Américain.

"Le Kha Khan dit qu'il la prendra. Il y a sans doute beaucoup de femmes d'où vous venez. Il désire la Kha Rakcha , dont il a sauvé la vie. Wu Fang Chien l'aurait tuée. Ainsi ont dit les prêtres jaunes."

Gray lança un regard noir à Garluk , qui lui rendit son sourire.

"Gela n'a jamais vu une femme telle que Kha Rakcha . Elle est aussi belle qu'un aloès en fleur", bavarda le *tumani* . "Elle lui donnera des enfants forts et un fils qui portera son épée quand il sera vieux."

"Si elle n'est pas d'accord, que se passera-t-il alors ?"

"Cela ne fera aucune différence. Bassalor Danek a dit qu'elle serait une digne épouse de son petit-fils. Ne porte-t-elle pas le talisman sur son cou ? C'est de bon augure pour le Wusun. N'est-elle pas venue ici pour chercher le Wusun ? De plus, si Gela l'épouse, alors Wu Fang Chien ne pourra pas la prendre.

"Et si j'interdis?" » demanda sèchement Gray.

"Personne ne vous écoutera", expliqua franchement Garluk .

Gray réfléchit à la question en fronçant les sourcils.

"Emmenez-moi au Kha Rakcha ", ordonna-t-il.

Garluk fit un geste de déni.

"C'est défendu. Demain soir, la jeune fille doit se marier. Il y aura un festin et un grand chant. Nous boirons du vin de lait de jument."

"Alors envoie-moi Timur."

"Il fait nuit et il boite. Après le lever du soleil, peut-être qu'il viendra."

Sur ce , Garluk se glissa hors de la porte. Gray entendit le bruit d'une barre qui se mettait en place. Il a été enfermé pour la nuit.

CHAPITRE XXIII

LE DÉFI

Il dormait peu. Le sort réservé à Mary était une surprise totale. Il n'était pas étrange, pensa-t-il, que Gela la veuille pour épouse. Ni que Bassalor Danek doive approuver le mariage. Il aurait pu prévoir quelque chose de ce genre.

Il n'est pas étonnant que Gur-Khan ait pris grand soin de la jeune fille lorsqu'elle fut désignée pour l'épouse de son petit-fils. Gray jura couramment et en vain. Le calme avec lequel le Wusun l'avait mis de côté était ennuyeux. Il aurait aimé prétendre être le mari de Marie. Il était trop tard maintenant.

Il n'espérait pas non plus que l'objection de la jeune fille, une fois qu'elle aurait entendu parler du mariage proposé, aurait du poids. De toute évidence, le mariage chez les Wusun était arrangé par les parents des intéressés, comme en Chine. La parole de Bassalor Danek faisait loi. Et le vieux chef appréciait pleinement la beauté de la jeune fille.

Gray gémit, réfléchissant que la coïncidence de la croix que portait la jeune fille l'avait rendue doublement désirable aux yeux des Wusun. Il se demanda comment ils avaient vu la croix. Le mariage devait-il être le prix de sa sécurité ? Il gémit à cette pensée.

La fuite, même s'il pouvait atteindre la jeune fille, depuis Sungan, n'était pas envisageable pour le moment. Wu Fang Chien serait attentif à une telle tentative. Et Gray ne voyait pas comment il pourrait espérer vaincre les lépreux.

« On dit que le sang appelle le sang », marmonna-t-il. Puis il fronça les sourcils sauvagement. "Confondre Gela!"

Il avait faim de voir la jeune fille. Elle devait s'inquiéter pour lui, car il n'avait pas pu lui rendre visite hier comme il l'avait promis. Sa protestation involontaire avait éveillé les soupçons de Garluk . Il lui serait désormais difficile d'échapper à la surveillance des *tumani* , s'il le tentait.

Et au-delà du Wusun se trouvait Wu Fang Chien, surveillant attentivement tout effort de la part de Gray ou de Mary pour quitter Sungan .

Il était clair pour Gray que le mandarin ne pouvait pas leur permettre de quitter les lieux vivants. D'une part, ils rapporteraient la nouvelle du massacre de la caravane. Et la nouvelle de l'existence du Wusun.

La découverte du Wusun serait fatale aux plans de Wu Fang Chien et des bouddhistes. La connaissance d'une race de l'Asie ancienne qui adorait la croix serait un coup dur pour les Mongols. Les Wusun étaient en train de disparaître. Bientôt, ils disparaîtraient et le danger serait passé. En attendant, Wu Fang Chien doit garder ses prisonniers.

La situation n'apportait que peu de réconfort à Gray. Au point du jour, il frappa à sa porte. Avec le temps, Garluk arriva avec de la nourriture. Timur, dit-il, rendrait visite à Gray dans la matinée. Non, l'Homme-de-l'Extérieur ne pouvait pas quitter la tour. Bassalor Danek avait donné des ordres. Il s'inquiétait pour la sécurité de ses invités car les soldats chinois avaient été vus se rassembler à l'extérieur du mur.

Les Wusun, dit Garluk , avaient rassemblé leurs combattants près du mur et dans les passages, sous Gela. Après le mariage, les Chinois ne pouvaient plus interférer avec la Kha Rakcha , car elle serait l'épouse du Kha Khan.

Gray renvoya Garluk pour hâter l'approche de Timur et regarda d'un air maussade depuis l'embrasure. Il savait qu'il valait à peine mieux qu'un prisonnier. Les heures passèrent tandis que le soleil montait plus haut. Il a remarqué une activité inhabituelle à Sungan et a vu des corps d'hommes armés passer de point en point.

La discipline du lieu était stricte. Probablement, pensa-t-il, un héritage des ancêtres militaires des Wusun. Il était midi lorsque Timur entra dans la chambre et s'assit calmement sur les tapis.

Gray réprima son anxiété et salua doucement le conseiller boiteux. Il avait un jeu désespéré à jouer avec rien d'autre sur quoi compter que son propre esprit.

— Garluk a dit que vous aviez besoin de moi, observa Timur en le scrutant attentivement.

"J'ai un mot à te dire," corrigea doucement Gray.

"On dit", ajouta-t-il alors que le vieil homme se taisait, "que le Kha Rakcha doit être demandé en mariage par Gela, le Kha Khan. Est-ce vrai ?"

"Ils ont dit la vérité. Le mariage aura lieu ce soir, après le coucher du soleil."

Le cœur de Gray se serra à cela. Il avait espéré, illogiquement, que Garluk avait exagéré la situation. Timur tendit une main maigre. Il y avait dedans un petit carré de lin, le mouchoir de Marie.

L'Américain l'a pris avec empressement. C'était un message de Marie, écrit à l'encre de Chine, et il se lisait ainsi :

Il était signé du nom de Mary. L'attrait d'une jeune fille remua étrangement Gray. Elle lui avait envoyé demander de l'aide. Pourtant, il ne pouvait pas faire grand-chose. Il suivit machinalement la note et fit face à Timur, réfléchissant rapidement.

"Dans son propre pays", dit-il lentement, "la Kha Rakcha occupe un rang élevé. Pour cette raison, il n'est pas approprié qu'elle se marie parmi les Wusun. Elle ne veut pas rester à Sungan . Cela la tuerait. C'est la vérité."

"J'ai vu que vous dites la vérité", acquiesça le chef. "Et mon cœur est chaud d'amour pour la femme qui m'a parlé. Pourtant Gela a un rang parmi nous."

"Mais elle ne souhaite pas le mariage."

"C'est la parole de Bassalor Danek."

"Vous savez que je dis ce qui est ainsi. La femme mourra, sinon de sa propre main, du moins de malheur."

Timur regardait tristement depuis l'embrasure.

"C'est peut-être le cas. Mais la mort tarde à venir pour les jeunes, ô Homme-de-l'Extérieur. Avant de mourir, le Kha Rakcha donnera un fils à Gela. C'est le souhait de Bassalor Danek."

Les lèvres de Gray se resserrèrent sombrement.

"Est-ce une juste récompense pour avoir traversé le désert pour retrouver les Wusun et alléger leur captivité ?"

"C'est le destin."

"Si cela arrive, l'Esprit Blanc ne quittera jamais Sungan , mais mourra ici. Lui imposerez-vous ce sombre sort ?"

"Ne sera-t-elle pas retenue ici si elle n'épouse pas Gela ?"

Gray leva les yeux avec chaleur. "La Kha Rakcha n'est pas un sujet de Bassalor Danek. Elle est la servante d'un roi plus puissant——"

Timur leva la main.

« Écoutez, jeune homme, » dit-il gravement. « J'ai vu votre amour pour le Kha Rakcha , et je sais qu'elle a de l'amour pour vous dans son cœur… » Le pouls de Gray s'accéléra à cela – « mais la volonté de Bassalor Danek doit être obéie. Je ne sais pas si cela convient. qu'elle se marie parmi les Wusun. Mais le Gur-Khan a dit que par le mariage, l'aide de son peuple peut être obtenue pour les Wusun. Les liens du sang sont forts. Et les Wusun sont en train de disparaître rapidement. Si le mariage a lieu, le Kha Rakcha restera à Sungan . C'est la parole du Gur-Khan. Elle ne peut pas être modifiée.

Silencieusement, Gray étudia le motif du tapis à ses pieds. Sa bouche ferme était marquée de lignes dures. Les disputes ne lui rapportaient rien. Et il doit faire son effort pour sauver la jeune fille, maintenant ou jamais.

"Je revendique le White Spirit comme mon épouse", a-t-il déclaré. "Par droit d'amour. Elle est à moi."

Timur peigna pensivement sa barbe blanche.

"Comment est-ce possible ?"

"De cette façon. Bassalor Danek a donné à Gela ce qui est à moi. Depuis l'époque de Kaidu et de Gengis Khan, la loi de Mongolie interdit de retirer une jeune fille à l'homme à qui elle est fiancée."

" Bassalor Danek a décidé. C'est pour le bien de son peuple. "

"Moi qui ai traversé le désert jusqu'au Wusun, je sais que ce n'est pas le cas. J'appelle les Wusun à respecter la loi de la Mongolie."

"Le festin de noces se prépare. L'Esprit Blanc sera revêtu de la robe de la félicité bénie."

"Qu'il en soit ainsi." Gray regarda le vieil homme fixement. " Qu'il y ait un mariage cette nuit, selon la coutume des Wusun. Mais moi et Gela réclamons la fille. Vous connaissez la loi ? "

"Si deux hommes disent qu'une femme leur appartient, ils doivent trancher la question les armes à la main."

"C'est la loi, Timur. Je l'ai connue de l'autre côté du désert . Je combattrai Gela. Ainsi , cela sera décidé."

Timur le regarda avec curiosité.

"Le Kha Khan n'est pas un ennemi léger. Il se battra avec des épées. Il a appris l'art du jeu de l'épée auprès de ses pères."

"Qu'il en soit ainsi." Rose grise. "Portez ce message au Kha Khan. Dites que l'Esprit Blanc est à moi."

Le Wusun soupira.

"C'est la voie du sang chaud de la jeunesse. Vous êtes téméraire. Pourquoi des amis devraient-ils se battre alors que Wu Fang Chien approche de nos portes ? Pourtant, ce que le destin a écrit s'accomplira. Je dirai votre message à Bassalor Danek."

Cette nuit-là, il y eut du bruit à Sungan . La rumeur de l'événement à venir s'était répandue dans les ruines et, à l'exception des gardes que Gela postait pour empêcher toute tentative d'entrée de la part des Chinois, tous les hommes de Wusun affluèrent en masse dans la salle du conseil.

Gray, depuis sa tour, observait la lueur du coucher du soleil et vit les ombres se former autour des jardins de Sungan . Le chant du soir lui parvenait, triste et mélodieux. Parfois, il voyait passer une sentinelle le long du contour du mur.

Il se demanda sombrement s'il verrait le prochain lever de soleil. Timur avait annoncé, par Garluk , que le défi de Gray au chef des *tumani* avait été accepté.

Garluk était volubile d'excitation. Il n'a pas caché sa conviction que l'Américain mourrait aux mains de Gela. Ce serait un excellent spectacle, dit-il. Il demanda si Gray avait l'intention de se protéger par magie pendant le combat.

Gray ne répondit pas. Il n'avait aucune expérience du maniement d'une épée ; les lames primitives du Wusun étaient des armes maladroites. Il ne fait aucun doute que Gela était habile à les utiliser.

La situation ne laissait guère de raisons d'espérer. Certes, Gray, qui avait eu l'occasion de mesurer son adversaire, n'était pas trop confiant. Il était résolu à en tirer le meilleur parti. Il faisait la seule chose qu'il pouvait pour aider la jeune fille.

Il n'était pas désolé. Gray était du genre à ne pas éviter les conflits physiques. Et son amour pour Mary Hastings était sans faille. Il ne savait pas à quel point elle tenait à lui. Il était incrédule face aux paroles de Timur : qu'elle pouvait l'aimer.

À la convocation de Garluk , il suivit le *tumani* dans les escaliers. Les couloirs étaient remplis d'hommes qui le regardaient avidement. La foule était si nombreuse que Garluk pouvait à peine se frayer un chemin dans la salle.

L'endroit était bien éclairé par des bougies. Au-dessus, la galerie était remplie de Wusun. Sur l' estrade Bassalor Danek parlait sérieusement avec Timur et les autres anciens de la tribu.

Un murmure s'éleva à l'entrée de Gray et la foule se retourna, comme un seul homme, pour le regarder. Il leur rendit leur regard scrutateur, depuis l'embrasure de la porte, espérant pouvoir apercevoir la jeune fille. Serait-elle amenée dans le hall ? Il ne savait pas. Timur boitait en avant.

"Le bracelet en bronze", ordonna-t-il à Garluk . Le *tumani* sortit un brassard en métal qu'il serra sur l'avant-bras gauche de Gray. C'était un ornement ancien, gravé de lettres inconnues des Américains. Il se demandait distraitement ce que Van Schaick en aurait pensé.

"Ce sera comme vous le souhaitez", dit gravement Timur. " Bassalor Danek est juste. Il a accédé à votre demande. Si vous êtes vainqueur, l'Esprit Blanc sera à vous. "

"C'est bien", acquiesça Gray.

Il parlait machinalement, ressentant les phénomènes connus des hommes qui vont courir un danger corporel : l'intérêt aigu pour tout ce qui l'entourait se fondait dans l'indifférence.

"Nous avons envoyé chercher l'Esprit Blanc", a ajouté Timur. "Gela l'amènera."

Un nouveau murmure fit lever les yeux à Gray. Il fouilla avidement la foule. A la porte derrière l' estrade, Mary Hastings était apparue. Le murmure se transforma en une forte exclamation d'étonnement.

La jeune fille avait été forcée d'abandonner ses propres vêtements pour un vêtement ample en soie blanche, équipé d'une large ceinture du même tissu et d'un voile qui couvrait son visage sous les yeux. Ses cheveux pendaient sur ses fines épaules en boucles de bronze sur lesquelles la lueur des bougies jouait par intermittence.

Ses bras étaient nus. Projetée dans le regard, elle recula. Puis elle aperçut Gray et aurait voulu avancer, mais les femmes autour l'en empêchèrent. Pendant un instant, ses yeux cherchèrent les siens d'un air suppliant.

"Le Kha Rakcha ", murmuraient ceux qui étaient près de lui. " *Aie* ... elle est juste. "

Le cœur de Gray fit un bond à cette vue. Puis Gela apparut aux côtés de la jeune fille, sa grande silhouette dominant les femmes. Il était armé de son épée et semblait très satisfait de la situation.

"Une belle mise en scène", pensa Gray d'un ton fantaisiste. "Tout comme les pièces de théâtre à la maison. Seulement le sauvage dans ce cas n'est pas prêt à passer sous les feux de la rampe le moment venu. Et son épée n'est pas en *papier mâché* ."

Son esprit continuait, illogiquement. Mais son regard se fixa avidement sur la jeune fille. Il admirait le courage qui la maintenait droite et calme face à la multitude.

"Un pur-sang!" il murmura. Il aurait voulu l'appeler, mais le tumulte étoufferait sa voix. Il ne la regarda plus. L'attrait des yeux muets de la jeune fille était trop grand.

Avec cela vint un rapide dégoût de sentiment. Sa stupeur d'indifférence disparut à la vue de la légère silhouette parmi Wusun qui le regardait fixement. Un désir ardent de se battre pour elle l'envahit – un désir d'aligner sa force sur celle de ses ennemis, de la conquérir et de la garder.

Cette pensée envoya le sang battre rapidement en lui. Il sourit et fit signe à la jeune fille, qui répondit courageusement.

Gray se dirigea vers elle, suivi de Timur. Il souhaitait lui parler. Et puis survint l'incident qui changea complètement les choses et qui déclencha les étranges événements de cette nuit.

Gela parlait avec Bassalor Danek. Dans un élan de fierté, le Kha Khan se tourna vers la jeune fille, la saisit par les genoux et la souleva facilement pour que tous la voient. La surprise fit crier la jeune fille.

« Géla ! » » Gray a appelé avec colère, « c'était mal fait. Le Kha Rakcha n'est pas à toucher avec vos mains !

Les jeunes n'ont pas compris. Maîtrisé par un élan de passion, il rit, serrant la femme blanche plus près. Un cri en écho vint du Wusun. Gela embrassa le bras nu de la jeune fille, passant sa main libre dans ses cheveux.

Ce spectacle était trop difficile pour la prudence de Gray. Poussant Timur de côté, il bondit en avant. Plusieurs *tumani* se trouvèrent sur son chemin. Gray les frappa violemment.

Il était en proie à une rage froide qui rend un homme doublement dangereux. Son corps puissant se projeta en avant à travers le groupe de ses ennemis. L'amour pour la jeune fille l'a aveuglé sur les conséquences de son erreur.

Un tollé s'est élevé. Gray n'y prêta aucune attention, ses poings fracassant le visage de ceux qui essayaient de le retenir. Il s'est libéré des hommes qui lui avaient attrapé les jambes.

"Paix!" cria la grande voix de Bassalor Danek.

Un Wusun blessé, saignant de la bouche, frappa Gray avec son épée. L'homme blanc a essuyé le coup et a arraché l'arme de son support.

Enflammé par le désir du conflit, il balança sa lame contre les autres qui lui brillaient au visage. La force de ses muscles entraînés abattit leur garde et lui permit de se frayer un chemin jusqu'au pied de l' estrade .

Puis le Wusun céda, sur un ordre précis. Un espace s'est dégagé autour de lui. Il vit Gela debout seule devant lui, souriante, l'arme à la main.

CHAPITRE XXIV

UNE SCÈNE EST PRÉVUE

« Ho ! » cria la voix de Garluk . "C'est arrivé."

D'autres ont repris les mots. "C'est arrivé. Gela est prête. Il faut mourir !"

"L'un doit mourir", répéta Garluk , "ou céder la place à l'autre".

Un rapide coup d'œil vers le haut montra à Gray que Bassalor Danek était penché en avant sur sa chaise. Mary regardait tendue depuis le groupe de femmes.

Gray eut peu de temps pour réfléchir. L'homme qui se trouvait désormais en face de lui était un adversaire plus redoutable que ceux qu'il avait renversés. Gela se leva, tranquillement en équilibre, son épée nue se balançant dans un bras noué.

Gray sourit et s'avança, tandis que la foule des Wusun regardait avidement.

L'idée de ce qu'il allait faire lui était venue. Et il a agi instantanément.

Balançant son arme au-dessus de sa tête, il sauta sur Gela. L'épée du Kha Khan se leva pour protéger le coup. Ce faisant, l'homme blanc laissa tomber sa lame et attrapa le bras de l'autre.

Cela avait été fait en l'espace d'une seconde, froidement et imprudemment. Gray passa le bras de Gela par-dessus sa propre épaule, se tournant alors qu'il le faisait. C'était un tour de lutte et cela faisait peser tout le poids du Wusun sur le bras de l'épée.

Une clé, un changement rapide de pied, et l'épée de Gela tomba au sol. Les deux hommes n'étaient désormais plus armés.

Gray avait choisi la seule solution qui pourrait lui sauver la vie. Manquant d'habileté à manier l'épée, il avait réduit le combat à égalité. Mais il ressentit aussitôt la grande force du Wusun.

Gela l'attrapa par la taille, lui écrasant les bras. Gray ressentit une vive douleur dans le dos et se raidit contre la prise. Lentement, il força ses bras à lever ses poings jusqu'à ce que ses poings soient sous le menton de l'autre.

C'était maintenant une épreuve de force. Gela tendit sa poigne, bloquant ses muscles de fer dans le but de plier son ennemi en arrière. Gray plaça un genou dans le ventre du Wusun et serra les poings.

Pendant un long moment, les deux hommes restèrent immobiles. Le silence régnait dans la salle.

« Ho ! » fit la voix de Garluk , "nous verrons l'homme écrasé. Gela l'écrasera comme un bœuf abat un mouton."

Ils haletaient maintenant, et la transpiration coulait dans les yeux de Gray. Il n'avait pas deviné que le Wusun était si fort. La scène et les spectateurs disparurent de sa vue, laissant la vision du visage figé de Gela fixé sur le sien.

En poids et en muscles, le Wusun avait l'avantage sur son adversaire. Mais Gray n'exerçait pas ses forces au maximum, sachant qu'il fallait changer de prise lorsque Gela était fatigué.

Voyant qu'il ne pouvait pas briser la colonne vertébrale de Gray par son seul poids, Gela déplaça rapidement sa prise, cherchant une prise plus basse.

Gray attendait ça. Tandis que l'autre relâchait sa pression, il frappa. Ce fut un coup précipité, mais il fit reculer la tête du Wusun et le balança sur ses pieds.

Instantanément, Gray frappa avec l'autre main. Cette fois, son poing alla plus loin et Gela tomba au sol.

Il se leva aussitôt, grognant de colère. Alors qu'il se précipitait, Gray le repoussa froidement – des coups courts et puissants qui le maintinrent libre de l'emprise de l'autre.

« Ho ! » " Timur a ri, " quel est le bœuf maintenant ? L'homme a des cornes acérées. "

Gela hésita, saignant du nez et de la bouche. Il n'avait jamais été contraint d'affronter un homme maître de tels coups. Il se balançait, haletant sous l'effort, sa tête brune poussée en avant entre ses larges épaules.

Gray attendit, alerte, reprenant son souffle.

Alors Gela baissa la tête et bondit en avant. Gray l'attrapa deux fois alors qu'il jouait – à chaque coup de poing. Mais cette fois, il ne fallait pas arrêter l'homme.

Gray fut attrapé par les épaules, balancé sur ses pieds et se précipita sur le sol en pierre. Il sentit les genoux de l'autre s'enfoncer dans son corps et roula sur le côté tandis que les mains de Gela cherchaient sa gorge. Il savait que cela signifierait la mort s'il était plaqué au sol par le Wusun.

Les lumières dansaient devant ses yeux. La salle était devenue sombre, car le bras de Gela était sur ses yeux.

Pendant un long moment, les deux hommes restèrent enfermés presque immobiles sur le sol.

Il entendit Marie crier. Le son fut noyé dans un cri exultant de la part des observateurs. Gray était à genoux. Il inspira longuement et douloureusement. Ses poumons avaient été vidés par la chute sur le sol dur.

En silence, il serra les dents et repoussa les mains qui cherchaient sa gorge. Avec un effort, il se releva, se débarrassant du poids de son ennemi. Il chancela et se rendit compte qu'il était au bord de l'épuisement total.

Le cri s'amplifia à mesure que Gela, toujours vigoureux, s'avançait vers Gray les bras tendus. L'homme blanc recula. Encore une fois, il évita l'emprise du Wusun qui souriait de triomphe. Ce faisant, il rassembla ses forces restantes avec une sombre détermination, observant Gela.

De nouveau, le Wusun avança. Cette fois, Gray ne recula pas. Il se lança en avant, les yeux fixés sur le visage de son ennemi. Son poing frappa Gela en pleine pommette, sous l'œil.

Observant et luttant contre la stupeur de faiblesse, Gray vit la tête de Gela reculer. Le Wusun glissa sur le sol et resta là.

C'était tout ce que Gray pouvait faire pour garder ses pieds. Sa tête était sur sa poitrine et sa vue terne percevait que Gela essayait de ramper vers lui.

Les muscles du Wusun bougeaient faiblement, tirant son corps sur le sol. Ses splendides épaules se soulevèrent. Le coup qu'il a reçu aurait assommé un homme ordinaire.

Gray, sa chemise déchirée dans le dos et du sang coulant de sa bouche, regardait. Gela se rapprocha. Il y eut un silence dans la salle.

Puis la tête du Wusun tomba au sol et ses épaules tombèrent molles. Il a cessé d'avancer. Le coup de Gray avait mis fin à la lutte. Les deux hommes étaient épuisés ; mais l'homme blanc a pu garder ses pieds.

Alors que sa vue s'éclaircissait, il leva les yeux vers Mary. Le regard de la jeune fille le brûlait. Gray s'approcha d'elle, fouillant son bras gauche.

Il monta les marches de l' estrade . Il prit faiblement le brassard de bronze dans sa main. A peine réussit-il à le soulever et à le placer autour du cou de la jeune fille. Elle n'a pas reculé.

Puis il posa sa main sur son épaule et se tourna vers Bassalor Danek. Ce faisant, il y eut une agitation dans la foule à l'entrée du hall. Un Wusun s'avança. Il tenait dans une main un arc tendu.

"J'apporte des nouvelles, ô Gur-Khan", s'écria le nouveau venu. "Wu Fang Chien est à l'intérieur de la porte de Sungan ."

À cela, la confusion surgit parmi les Wusun. Les femmes criaient et les *tumani* criaient avec colère.

« Les soldats chinois ont repoussé les sentinelles sur le mur », répéta le messager. "Wu Fang Chien vous fait savoir. Il est venu chercher les deux Blancs . Ils doivent lui être livrés. Ou il fouillera tout Sungan ."

Le tumulte s'apaisa alors. Tous les regards étaient tournés vers Bassalor Danek. Le Gur-Khan était assis tranquillement sur sa chaise, mais la main qui caressait sa barbe tremblait.

« Wu Fang Chien brisera-t-il l'alliance de notre peuple ? » demanda-t-il sévèrement.

"Oui, il a rassemblé ses soldats avec des fusils."

Gray sentit la jeune fille se rapprocher de lui. Elle ne savait pas ce qui se passait, mais devinait qu'il y avait des problèmes dans l'air. Il passa son bras sur ses épaules, ravi qu'elle ne proteste pas.

Au lieu de cela, sa main se leva et pressa doucement la sienne. Ses cheveux touchaient sa joue. Il avait épousé Mary Hastings, selon la loi du Wusun. Ce n'était pas le mariage comme l'ordonnaient leurs coutumes ; mais il ressentit l'exultation qui était venue lorsqu'il avait noué le cercle de bronze autour de son mince cou. Elle était à lui ! Il l'avait conquise auprès de Gela. Et – miraculeusement – elle était contente d'avoir son bras autour d'elle. Bien sûr, il ne pouvait pas lui faire valoir ce rituel barbare – s'ils s'affranchissaient un jour de Sungan . Pour le moment, cependant, il se réjouissait à l'idée d'avoir combattu et gagné la femme qu'il aimait. La nouvelle menace, exprimée par le messager, sortit de son esprit. Il n'a vu que la fille.

Puis il réalisa qu'elle rougissait vivement.

"S'il vous plaît," murmura-t-elle, "je—je dois récupérer mes vêtements. Cette robe n'est pas—je ne veux pas la porter."

"C'est tout à fait convenable", dit-il en riant.

Il parlait au hasard, son triomphe toujours fort sur lui.

"Oh!" Elle sourit en retour. "Maintenant que tu es mon… maître, ils me laisseront m'habiller, n'est-ce pas ? Je vais retourner chez Bassalor Danek."

Il vit qu'elle était dérangée par la foule, mais les lignes autour de sa bouche se durcirent. Son bras se resserra autour d'elle.

"Tu ne me quitteras pas, maintenant," murmura-t-il. Puis il vit une soudaine alarme dans ses yeux. "Nous avons des ennuis, comme d'habitude.

J'enverrai une femme chercher vos vêtements." » Il parla légèrement, essayant de la rassurer. "Voici Timur——"

À sa demande, le chef boiteux envoya sèchement un préposé chercher les vêtements de Mary. Timur surveillait Bassalor Danek. Le Gur-Khan regardait fixement devant lui. Il fut appelé à prendre une décision qui comptait beaucoup pour son peuple.

Gray observait également le dirigeant des Wusun, se demandant si la fierté de ce dernier le conduirait à résister à Wu Fang Chien.

Puis une silhouette passa à travers le *tumani* au pied de l' estrade . C'était Gela, chancelant de lassitude, le sang coulant toujours des coupures sur son visage. Malgré cela, il se comportait fièrement et il y avait une lueur sauvage dans les yeux qui regardaient Bassalor Danek et les deux Blancs .

Il désigna Gray et grogna quelque chose que l'Américain ne comprit pas.

"Il dit", interpréta Timur, "que tu es un homme courageux. Que la parole de Gela ne sera pas rompue. Il gardera le Kha Rakcha des bouddhistes. Et il te protégera, toi qui es le mari de la femme."

Un murmure d'approbation s'éleva des rangs des *tumani* aux paroles de leur chef. Bassalor Danek avait l'air troublé.

"C'est bien dit", s'écria Gray. Il s'avança en lui tendant la main. Gela se redressa d'un air de défi. Il se peut qu'il n'ait pas compris le geste de l'homme blanc.

"Gela dit", expliqua Timur, "qu'il fera cela pour le Kha Rakcha . Pas pour vous."

Mais Gray avait vu sa chance et se tourna vers Bassalor Danek.

"Harken, Gur-Khan des Wusun", dit-il clairement. "Vous devez répondre à Wu Fang Chien. Vous avez entendu la parole de Gela, qui est un ennemi généreux. Avez-vous oublié que vos pères et les miens étaient autrefois les mêmes ? Ou le talisman du sanctuaire ? Par cette chose, je demande une faveur . Ce sera le dernier."

"Parlez", répondit doucement le chef. "Je n'ai pas oublié."

"Les Kha Rakcha et moi avons traversé le désert jusqu'à Sungan pour chercher les Wusun, qui sont de notre sang. Beaucoup sont morts, c'est pourquoi nous devrions venir ici. Et" - il se souvint des mots que Mirai Khan avait autrefois utilisés - " nous avons mangé votre viande et votre pain. Ce pour quoi nous sommes venus est accompli. Pourquoi devrions-nous rester ici ? Ne vaudrait-il pas mieux annoncer cc que nous avons vu à ceux de votre sang qui sont à travers le désert ?

Bassalor Danek méditait en caressant sa barbe.

"Une fois, j'ai dit à Wu Fang Chien et aux prêtres, ô Homme-de-l'Extérieur, que vous étiez mon invité. Il en sera ainsi . Je ne vous abandonnerai pas."

"Le temps du Kha Rakcha à Sungan est terminé", répondit Gray avec audace. "Comme le croissant de lune, elle est venue et repartira. Elle doit rapporter avec elle la parole du talisman dans le sanctuaire. C'est pour cela que le Kha Rakcha a été envoyé. Elle reviendra vers un roi qui est plus grand que les Mandchous. l'empereur l'était autrefois. »

Le Gur-Khan secoua astucieusement la tête.

"Quelle puissance est plus grande que l'Empire du Dragon ? Quel autre peuple y a-t-il que les Mongols, les Kirghizes et les prêtres bouddhistes ?"

"Au-delà du désert se trouve une mer, et au-delà de la mer se trouvent ceux dont le sang était autrefois le vôtre. Nous leur transmettrons notre message et ils connaîtront le Wusun."

Timur boitait aux côtés de Gur-Khan.

"Une pensée m'est venue, ô Khan des Wusun," dit-il lentement. "C'est une pensée élevée et un présage. C'est que cet homme et cette femme reviendront d'où ils sont venus, avec un discours sur ce qu'ils ont vu à Sungan . Il est écrit dans le livre du destin que cela se produira. Sinon, pourquoi le l'homme blanc a-t-il vaincu Gela ? »

Il se tourna vers Gray, avec un sourire maussade sur son visage ridé.

"Votre peuple, ô Homme-de-l'Extérieur, ne trouvera pas le Wusun s'il l'envoie à nouveau. C'est ma pensée. Le soleil passe du ciel et il fait nuit ; le chameau laisse ses os sécher dans le sable. . Ainsi passeront les Wusun de Mongolie. Les prêtres de Bouddha sont puissants. Bientôt les sables grimperont sur les murs de Sungan .

Un murmure de cent gorges, une plainte murmurée, l'accueillaient.

"Nous transmettrons notre message", a déclaré Gray.

Timur restait silencieux, debout à côté de Gur-Khan troublé. Une rapide émotion d'amitié pour ces captifs résignés de Sungan balaya Gray. Il se tourna vers Gela.

"Veux-tu faire ça pour le Kha Rakcha ?" Il a demandé. "Voulez-vous nous escorter à travers les rangs des prêtres bouddhistes et des soldats ? Ce ne sera pas une tâche facile. Il y aura des effusions de sang. Mais cela sauverait la vie du Kha Rakcha ."

Timur a interprété sa demande. Le Kha Khan leva fièrement la tête. Il parla rapidement et durement, désignant les guerriers qui les surveillaient.

"Il fera ce que vous dites", a confirmé Timur. "Le *tumani* vous fera passer à travers les gardes de Sungan . Cela n'a jamais été fait auparavant——"

"C'est Wu Fang Chien qui a rompu le premier le pacte", a rappelé l'Américain.

" *Aie* ! Ce sera une lutte dure. Les soldats ont des fusils... "

» Gela l'interrompit sévèrement. Déjà la lumière du conflit apparaissait dans ses yeux perçants. Il envoya une série d'ordres gutturaux au *tumani* . Les femmes commencèrent à sortir de la salle en poussant des lamentations. Les jeunes hommes se regroupèrent autour du Kha Khan.

"Wu Fang Chien va nous fouetter pour cela", marmonna Timur.

"Wu Fang Chien", fit remarquer Gray d'un air sombre, "ne vivra peut-être pas assez pour le faire. De même, il est préférable, pour la paix des Wusun, que nous quittions Sungan ."

Il pensait aussi à l'amour sauvage de Gela pour la jeune fille. Pour le moment, le Wusun était leur ami. Mais l'avenir pourrait changer cela. Il avait vu son opportunité et l'avait saisie. Les *tumani* dégainaient leurs armes et bavardaient avec enthousiasme.

Gray avait estimé que désormais les bouddhistes étaient rassemblés aux portes de Sungan . Si lui et la jeune fille parvenaient à pénétrer dans leurs rangs, ils pourraient prendre un bon départ dans le désert, désormais libre des gardes extérieures.

« Comme vous l'avez dit, annonça Bassalor Danek en se levant, cela sera fait.

"Ce qui se passe?" » demanda Mary anxieusement. Sentant l'importance de ce qui se passait, elle n'avait pas parlé auparavant.

Gray rit. Il lui toucha timidement l'épaule.

"Viens à moi dès que tu seras prête, Mary. Gela est un ennemi généreux. Il nous guidera au-delà du mur."

Elle regarda le jeune Kha Khan avec gratitude. Eh bien , elle savait quel serait le danger, même si Gray n'en avait pas parlé. D'un coup, la jeune fille se baissa et ramassa l'arme de Gela sur le sol. Elle le plaça dans la main du Wusun. L'action a attiré l'attention du *tumani* .

"Le Kha Rakcha ne fait qu'un avec le Wusun!" crièrent-ils en regardant avec impatience la belle femme.

"Oui, le Kha Rakcha !" » cria Gela, sa mauvaise humeur disparut. "Nous verserons notre sang pour la reine blanche."

« Ho… la reine blanche ! » fit écho le *tumani* .

CHAPITRE XXV

FUSIL CONTRE FLÈCHE

Ce qui s'est passé maintenant est arrivé rapidement et sans avertissement. Bassalor Danek, une fois les dés jetés, céda son autorité à Gela. La direction traditionnelle des Wusun était celle des Kha Khan en temps de guerre. Désormais, pour la première fois depuis des générations, ils devaient résister à l'autorité de leurs geôliers .

Gray se souvient clairement que Bassalor Danek leur a fait des adieux solennels debout dans sa robe blanche au pied de l' estrade . Alors le Gur-Khan, impressionné par l'importance de l'occasion, leva dignement la main.

"Par le talisman sur ta gorge, ô Kha Rakcha ," dit-il, "n'oublie pas le Wusun - si c'est le décret du destin que tu dois sortir d'ici en toute sécurité."

"Elle n'oubliera pas", a promis Gray. Il regarda la vieille silhouette partir vers la tour où Bassalor Danek avait l'intention d'observer ce qui allait se passer à travers les Yeux-de-Longue-Vue.

Gela prit le commandement avec impétuosité. Gray le regarda rassembler le *tumani* . Les jeunes hommes étaient enflammés d'anticipation d'une lutte. L'inimitié longtemps refoulée contre leurs ravisseurs était sur le point d'être libérée. Des habitations de Sungan sortaient les lamentations des femmes. Elle hurlait dans l'air nocturne – la vieille plainte des femmes avant la bataille.

Timur s'attarda avec eux. Tous trois étaient entourés par les chasseurs qui avaient tendu leurs arcs et dégainé leurs lourdes épées.

Il n'y avait qu'une pénombre dans la salle supérieure du temple du conseil où ils se trouvaient maintenant. Cela se reflétait faiblement sur le grès rouge des murs, avec les figures fanées et peintes d'un âge plus avancé qui les regardaient de haut.

Gutturalement, les guerriers se parlaient à voix basse, riant beaucoup, mais pas fort. Certains cependant s'appuyaient silencieusement sur leur arc, les yeux vides. Cette note de tension était familière à l'Américain. Gray avait regardé les hommes avancer sous le feu avec la même gaieté forcée, la même semi-stupeur.

Mais les chasseurs étaient contents. Les jeunes hommes, pour la plupart, au visage maigre durci et ridé par l'exposition au soleil, aux yeux injectés de sang rétrécis, aux lèvres fines et craquelées, souriaient le plus souvent. Un plaisir sauvage se cachait dans leurs yeux. Ils devaient lever leurs épées contre les oppresseurs du Wusun. Gray compta les épées. Ils étaient tous trop peu nombreux.

Lassés de l'emprisonnement, ils devaient, pour un bref instant, s'en aller dans le désert en hommes libres. Peut-être. Car ils ne gagneront peut-être jamais au-delà du mur.

Ils remuaient leurs bottes en peau de yak, respirant lourdement. L'air de la galerie devint proche et chaud avec une odeur de cuir sale. Mary se tenait près de Gray, son épaule contre la sienne. Elle avait enfilé sa robe déchirée et sa veste froissée. Son regard était tourné vers lui.

"Robert!"

"Oui, Mary." Il baissa les yeux, le visage illuminé en l'entendant prononcer son nom.

"Tu fronçais les sourcils. Est-ce que ça va être si grave ?" Son corps mince se pressait contre le sien pour qu'il puisse sentir le pouls de son cœur. "Alors tu ne dois pas me quitter, cette fois."

"Non."

Il voulait la prendre dans ses bras, l'appeler sa femme. Mais il réprima sévèrement cette impulsion rapide. Il n'en avait pas le droit. Comment pouvait-il savoir qu'elle aspirait justement à ce réconfort ?

Gela agita son bras, et il y eut un mouvement de plusieurs pieds, avançant.

"Robert!"

Ses yeux, brillants de foi en lui, se rapprochèrent et tinrent les siens. Son bras l'attira plus près de lui, sauvagement. Peut-être qu'il lui a fait du mal. Mais elle n'a pas protesté.

Aveuglément, il pressa sa bouche contre le parfum de ses cheveux. Maladroitement, les lèvres sèches, il l'embrassa sur la gorge et la joue, s'émerveillant du pouls qui battait si fort à l'endroit où il la touchait.

Deux bras rapides et minces se refermèrent autour de son cou. La jeune fille soupira, frémissante, poussant un murmure doux et heureux. Gray, incrédule, essaya de regarder son visage, mais ses lèvres tendres et humides touchèrent les siennes dans une rapide caresse. Ses yeux étaient à moitié fermés et elle était étrangement pâle.

"Marie!" murmura-t-il, et encore : « Marie ».

Elle souriait maintenant, les yeux gris heureux.

Gela jeta un œil évaluateur sur l'assemblée et donna un ordre. Les *tumani* se pressèrent vers les escaliers qui menaient aux entrées en surface.

Gray sentit la main de Mary chercher la sienne. Un souffle d'air frais effleura leurs visages brûlants. Il vit l'éclat des torches allumées par le *tumani* . Puis ils se sont évanouis dans la nuit.

Les sables de Sungan étaient vacants, à l'exception du groupe de guerriers dirigé par Gela. Une légère brise s'agitait parmi les aloès et les tamaris, soulevant de minuscules spirales de poussière sous leurs pieds et faisant vaciller les torches.

Ensuite, les torches furent projetées dans le sable et les groupes de guerriers devinrent des formes d'ombre, se déplaçant contre l'ombre plus profonde des tours.

Au-dessus de nous, la lune était froide et brillante. Son éclat montrait les silhouettes sombres des Chinois sur le mur et brillait sur leurs fusils. À la porte du mur devant eux se trouvait un groupe de prêtres. Wu Fang Chien n'était pas visible.

Entre le *tumani* et le mur se trouvait une étendue de sable plane d'environ deux cents mètres de long.

"Voir!" bavardait le vieux Timur, "le message de Bassalor Danek a été envoyé. Ils attendent."

"Ce ne serait pas bien de précipiter le mur", prévint Gray rapidement, évaluant la situation. "Ils ont des armes——"

"Si j'avais un arc !" Les réticences de Timur avaient disparu sous l'excitation grandissante. "Ho ! Les chasseurs vont chasser de nouvelles proies."

L'un des prêtres a crié quelque chose que Gray n'a pas compris. Gela répondit d'un ton de défi, et les *tumani* se précipitèrent en avant, emportant Gray et Mary avec eux.

Un coup de feu retentit depuis le mur, accueilli par un cri de défi du Wusun. Une volée dispersée a suivi. Les gardes – des irréguliers chinois, des Dungans , des bandits, des partisans des prêtres, etc. – étaient de piètres tireurs d'élite. Mais la portée était proche. Et les Wusun, ignorant les tactiques contre les tirs, étaient regroupés les uns contre les autres.

Gray en vit plusieurs trébucher et tomber dans le sable. Plus de clichés. Les torches vacillèrent. Timur se baissa et ramassa un arc et des flèches sur l'un des morts.

Les prêtres avaient disparu de la porte. Celui-ci avait été fermé. Mais pas avant que Gray ait aperçu des groupes de lépreux courant partout dans la confusion. Certains semblaient armés.

Le Wusun vacilla sous le feu, comme les hommes indisciplinés sont tenus de le faire. Gray a forcé la jeune fille à s'accroupir dans le sable avec Timur pendant qu'il courait vers Gela. Le Kha Khan criait avec colère contre ses partisans.

"Les passages !" Gray saisit le bras de Gela. "Ici, vous serez tué. Descendez dans les passages."

Gela, la chaude lumière du combat sur son visage balafré, le regardait sans y prêter attention. Mais Timur, qui ne devait pas être laissé pour compte, boitait en avant et faisait écho aux paroles de Gray.

Le Kha Khan comprit et ses yeux se plissèrent astucieusement. Cria-t-il à ses hommes. Les *tumani* commencèrent à reculer, laissant des corps sombres étendus dans le sable.

Gray se dirigea vers le temple avec Mary. Un cri de triomphe retentit du mur. Les tirs n'ont pas cessé. La soif de sang avait été éveillée chez les hommes assis sur le mur, qui avaient trouvé facile le meurtre de Wusun, mal armé.

Mais Gray, voyant les visages figés autour de lui, comprit que les *tumani* n'allaient pas abandonner la lutte. Il s'agissait d'une querelle séculaire : la lutte des peuples opprimés d'Asie centrale contre leurs ravisseurs mongols.

Lui et la jeune fille étaient entraînés aux côtés de Gela comme des feuilles dans un courant rapide. Le Wusun entra dans le temple, silencieux cette fois. Ils affluèrent dans les couloirs souterrains, menés par des hommes armés de torches. Les cris au sol s'affaiblissaient.

Une fois, Gray tomba sur un corps. C'était une femme qui saignait d'une blessure mortelle à la gorge. Les prêtres étaient venus ici, et la guerre dans le Gobi ne tient pas compte du sexe.

Le flottement d'une robe jaune apparut dans le couloir devant eux. Un arc tinta et Gray vit une flèche apparaître entre les épaules du prêtre en fuite. Un couteau que tenait le bouddhiste tomba sur le sol avec un bruit sourd.

Le *tumani* cria et se pressa en avant. Ils étaient désormais sous le mur et le passage commençait à s'élever. Gray vit que c'était le même qui menait au puits.

Un ordre précis de Gela fit taire le Wusun. Ils coururent dans le puits et montèrent les marches, sauvagement concentrés sur leur objectif.

Ils en sortirent confus. Gray vit que d'autres Wusun sortaient en courant des passages adjacents, chassant les prêtres devant eux. Les Chinois sur le mur s'étaient retournés. Surpris, ils tirèrent précipitamment. Leurs ennemis étaient désormais dispersés et le combat devint une affaire de corps à corps.

Une à une, les torches tombèrent sur le sable. Les épées brillaient au clair de lune. Gray aperçut quelques-uns des hommes de la meute des lépreux, menés par des prêtres. Ceux-ci furent accueillis par des flèches du *tumani* et repoussés. Ils s'enfuirent facilement.

Contraints de s'agripper, les Chinois au mur hésitèrent.

" *Aie !* " s'écria Timur. "Le combat se passe bien. Je suis à nouveau jeune." Il montra avec jubilation les formes bondissantes des chasseurs.

La jeune fille marchait tranquillement aux côtés de Gray. L'Américain ramassa un mousquet vide et s'avança. C'était une arme médiocre, mais elle servait. Gela devançait ses partisans, qui avaient franchi le mur et marchaient à grands pas à la recherche des groupes de Chinois.

A présent, les soldats couraient vers les faubourgs de la ville.

Gray pouvait voir la meute de lépreux se mêler aux ombres parmi les dunes de sable. De temps en temps, il y avait un cri aigu alors que le Wusun poursuivait un bouddhiste en robe jaune. Les Chinois fuyaient sérieusement. La seule lumière venait désormais de la lune. C'était une bataille d'ombres, dans laquelle des formes obscures sautaient et frappaient avec des couteaux nus, se regardant le visage.

" *Aie !* " répéta le vieux chef, qui s'appuyait sur l'épaule d'un *tumani* , " c'est ainsi que nos pères chassaient leurs ennemis devant eux. C'est un beau spectacle. "

Il clopinait, refusant d'être laissé pour compte. Gray inspira profondément, observant la scène avec un œil expérimenté. La colère latente des Wusun avait dégagé un passage temporaire. "Nous sommes en dehors de la ville, Mary", dit-il.

"Ce n'est pas encore fini", a-t-elle répondu rapidement. "Regardez, il y a des lumières devant, à droite."

Gela avait vu la même chose. Il rassembla les chasseurs restés autour de lui et s'avança prudemment. Après avoir contourné quelques dunes, ils arrivèrent en pleine lumière.

C'était le camp des gardes chinois. Les chameaux et les chevaux étaient attachés sous des tentes de fortune. Les lanternes clignotaient tandis que les coolies cherchaient à rassembler les bêtes.

Un groupe d'hommes leur faisait face, debout, inquiets, devant les tentes. Gray vit la silhouette volumineuse et le chapeau mandarin de Wu Fang Chien. La lumière d'une lanterne éclaira son large visage, sauvage maintenant de colère déconcertée. Il tenait un fusil.

CHAPITRE XXVI

LE CERCLE DE BRONZE

La jeune fille poussa un rapide cri. Gela répondit par un cri.

Un des Chinois a tiré. L'homme qui soutenait Timur tomba au sol en gémissant, les mains jointes à son ventre.

Gela et Gray bondirent en même temps. Wu Fang Chien les aperçut et leva son fusil. Ses partisans tirèrent sauvagement, ne causant aucun dégât dans une lumière incertaine.

Le mandarin, pensa rapidement Gray tandis qu'il courait, avait rallié certains des fugitifs du camp. Il avait peut-être deviné l'intention de Gray de quitter Sungan et était déterminé à l'empêcher à tout prix.

Gray pouvait voir clairement l'homme alors qu'il le regardait par-dessus le viseur du fusil. L'arme était stable. Derrière lui, un cri d'avertissement résonnait depuis le Wusun. Gela, à ses côtés, ne ralentit pas le pas.

Wu Fang Chien retenait toujours son feu. Gray, observant attentivement, vit que le fusil que tenait le mandarin était l'un des siens, volé dans ses bagages. Cette pensée lui donnait un humour sinistre. Il ne lui vint pas à l'esprit de faire demi-tour. Il ne pouvait pas laisser Gela avancer seul. Le Kha Khan haletait tandis qu'il courait, fatigué par ses efforts, mais sombrement concentré sur Wu Fang Chien.

Derrière Wu Fang Chien, il vit les chevaux se débattant avec leurs attaches. Ses sens étaient étrangement aiguisés par la tension du moment. Il entendit Gela haleter et capta même la plainte lointaine des femmes du Wusun. La toux des chameaux effrayés lui parvint clairement.

La lanterne brillait sur le canon du fusil qui était braqué sur lui. Il vit les yeux maléfiques de Wu Fang Chien se rétrécir. Puis ils se sont élargis. Le canon du fusil vacilla. Et je suis tombé sur le sable. Gela et l'homme blanc s'arrêtèrent net.

De la gorge de Wu Fang Chien sortait une flèche, les plumes dépassant de manière grotesque sous son menton.

Lentement, les genoux du mandarin cédèrent et il tomba en avant sur le sable, les deux mains agrippant la flèche qui brisa le fil de sa vie.

" *Aie !* " résonna la voix de Timur. "J'ai pris une vie. J'ai tué un ennemi de mon peuple !"

Gray se tourna et vit le vieux chef debout, un arc à la main, à côté de Mary. Son cri avait à peine cessé qu'un prêtre en robe jaune se jette sur lui depuis une tente.

Le bouddhiste tenait un couteau. Son parcours le menait directement vers Marie. La jeune fille attendait, impuissante. Le cri d'avertissement de Gela retentit. Plusieurs Wusun couraient vers elle. Mais trop loin pour aider.

Le prêtre se trouvait à quelques pas de la jeune fille, trop près pour que Gela ou Gray puissent intervenir à temps.

Alors la figure de Timur avança en boitant. Le vieillard frappa faiblement le curé avec son arc. Et je l'ai attrapé par les épaules.

Le bouddhiste a violemment poignardé le Wusun, enfonçant son couteau dans le dos de Timur. Le vieil homme n'émit aucun son, mais garda sa prise, grondant sous la morsure du couteau. Gray s'approcha de Wu Fang Chien et attrapa le fusil du mandarin.

C'était sa propre pièce et chargée. Il a jeté son dévolu sur l'homme à la robe jaune alors que ce dernier se débarrassait de la forme accrochée de Timur. Le fusil craqua lorsque le bouddhiste s'avança vers Mary.

Le prêtre tomba à genoux. C'était un cliché rapide et excellent compte tenu de la lumière. Gela grogna d'approbation.

Gray a vu la jeune fille se mettre aux côtés de Timur frappé. Puis il regarda autour du camp. Wu Fang Chien était mort et ses partisans restants s'étaient enfuis du camp dans le désert. Seule la bande des Wusun de Gela était visible, moins nombreuse, mais triomphante. Ils se pressaient vers leur chef, portant des fusils inutiles en guise de butin, fatigués, mais riant bruyamment.

Le combat était terminé.

Gela fit un signe significatif vers la lune qui se trouvait au-dessus de sa tête. Le temps passait et l'homme blanc devait être dépêché pendant que la côte était libre. Il n'avait pas oublié sa promesse dans la salle du conseil. Le Kha Khan retourna vers Mary et l'éloigna du vieux chef.

Gray vit que la fille pleurait. Pas bruyamment, mais doucement, en essayant de retenir ses larmes. La tension de la nuit commençait à se faire sentir et la mort de Timur à ses côtés avait été un choc. Elle ne voulait pas regarder en arrière.

"Je—j'ai aimé Timur," dit-elle doucement. "Il était bon avec moi."

"C'était un bon type", acquiesça chaleureusement Gray.

Pour le bien de la jeune fille, il souhaitait quitter le camp immédiatement. Tout retard serait synonyme de péril. Gela semblait avoir deviné sa pensée. Le Kha Khan donna des ordres vifs à ses partisans. Puis il jeta son propre *khalat chaud en peau de mouton* sur les épaules de la jeune fille.

Deux chameaux, le meilleur de ceux du camp, furent produits. Ceux-ci furent équipés à la hâte de couvertures. Un troisième était chargé, protestant haut et fort à la manière des bêtes, de vivres et d'eau, réquisitionnés sur les approvisionnements des Chinois. Gela examina attentivement les sacs d'eau en peau de chèvre et hocha la tête avec satisfaction. Ils étaient de la plus haute importance.

Ceci fait, il se tourna vers Gray et désigna de nouveau la lune. Puis il traversa le désert, à l'ouest, vers une étendue grise de terre chatoyante, parsemée de touffes de buissons rabougris.

"Il veut que nous allions dans cette direction", a déclaré la jeune fille, "pas en Chine".

Gray avait déjà réfléchi à leur meilleure solution. La direction de Gala était d'accord avec sa propre conclusion. À l'ouest, à quatre ou cinq jours de chameau, se trouvait la rivière Tarim, avec des colonies isolées de bergers. Ici, ils se trouveraient de l'autre côté de la frontière de la Kashgarie et seraient libres de l'autorité des bouddhistes chinois. Et au-delà du Tarim se trouvait Khotan, juste au nord du col du Karakorum, en Inde. Il avait toujours ses cartes et sa boussole.

"De là", acquiesça la jeune fille, "nous pourrons atteindre Kashgar, où se trouveront des marchands du Cachemire. Mon oncle a été à Khotan avec moi. Il n'est pas difficile de voyager en Inde à partir de là."

Poussés par Gela, ils montèrent sur les chameaux agenouillés. Les Wusun se sont regroupés autour. Hors du camp, ils conduisirent l'homme et la femme blancs jusqu'à ce que les tours de Sungan soient à peine visibles à l'horizon.

Ici, ils étaient hors de danger de rencontrer des fugitifs chinois. Gela s'arrêta et leva la main en signe d'adieu. Gray et la jeune fille firent de même.

"Il a tenu parole et il en est fier", murmura Mary, "et nous ne pouvons pas le remercier." Car ni l'un ni l'autre ne pouvait parler la langue de Gela.

"Au revoir, vieil homme, et bonne chance", dit Gray chaleureusement, en anglais.

Se retournant après un intervalle, il vit le Kha Khan et le Wusun les observer. Ils étaient assis dans le sable, le visage tourné vers les chameaux qui s'éloignaient. Jusqu'à ce qu'ils soient hors de vue, Gela resta là.

Les chameaux étaient frais et se déplaçaient rapidement. C'était une nuit claire, avec une pointe de froid dans l'air, annonciateur de l'hiver qui s'installait sur l'Asie centrale. Les kilomètres s'écoulaient rapidement derrière, tandis que Gray, guidé par sa boussole, poursuivait sa route vers l'ouest.

Ils n'ont pas parlé. Derrière eux, le pourpre de l'aube inondait le ciel. La lune pâlit froidement. Le froid matinal engourdit l'homme et la jeune fille. Les longues ombres des chameaux apparurent sur le sable devant eux. Des brumes fantomatiques et grotesques s'éloignaient à l'horizon. Du noir au gris, puis au brun, les dunes de sable se sont transformées. Des vagues de sable balayaient la ligne d'horizon de chaque côté.

Ils étaient seuls dans l'infini de l'Asie.

Gray voulait parler, mais une forte timidité l'envahit. Il poussa sa bête à côté de celle de la jeune fille et lui prit la main. Elle ne l'a pas retiré. Cela l'a rendu audacieux. Déjà le soleil leur réchauffait le dos. Les chameaux ralentirent et avancèrent d'un pas régulier.

"Notre lune de miel a commencé", a-t-il déclaré. Son cœur battait de façon indisciplinée. "Et à Kashgar , nous pouvons trouver un missionnaire, pour faire de toi vraiment ma femme, si tu veux."

Elle n'a pas répondu. Au lieu de cela, elle a retiré le *khalat* que le Wusun lui avait donné. Gray vit que le cercle de bronze était toujours autour de son cou.

LA FIN